U0111577

猶憶武林人未遠

民國武林憶舊及安慰武學遺錄

安慰 著

閻子龍　田永濤　整理

序一

　　年初，子龍先生等整理的《猶憶武林人未遠——民國武林憶舊及安慰武學遺錄》一書脫稿，我應邀為之作序，細讀書稿，深感子龍先生為中華傳統武術的傳承與保護做了一件很有貢獻的大實事。

　　我和安慰先生在 20 世紀 70 年代初相遇相知，朝夕相處卅餘年，深感先生對武術文化的研究，每一步都是踏踏實實的，令人信服。傳統武術是我們老祖宗的智慧結晶，記得多年前安慰先生曾跟我談到，傳統武術文化的研究不能離開傳承，還需要有辯證的態度，這樣才能避免浮躁，心平氣和地去做事。要用學術的標準去做研究，去粗取精、去偽存真、由表及裡地研究。如果人云亦云、隨波逐流，勢必做不好研究。

　　對於本書的出版，我甚感欣慰，本書有傳承、有實證、有學理，亦有詳細的練功指導，是一本高品質的武術圖書典範。

　　我鄭重向大家推薦《猶憶武林人未遠——民國武林憶舊及安慰武學遺錄》一書，希望廣大讀者能從中受益。

苗樹林

民族文化底蘊是修習傳統武術的基礎，道德修養的深淺決定傳統武術修為的高低，博學善學、勤學苦練、潛心深悟、持之以恆是通向武學巔峰的階梯。

在本書即將付梓之際，子龍先生囑余為序，余誠感抬愛，自知「文不精、武不通，無名無望一白丁」，何以堪此大任？然而為答謝子龍先生知遇之情，於是余信口開河，胡亂塗鴉，寥書數語忝為序，凡不周之言、妄語之處，誠請讀者海涵。

閻子龍先生琴棋書畫無有不通，文武之道無有不曉，深諳儒釋道之精要，廣博諸子百家之經典。其自幼酷愛國學文化，謙遜好學，志向高遠，深得諸多明師名家垂愛。

尤為幸運的是，在修習傳統武術一途中，閻子龍先生得拜安慰先生門下。

安慰先生出身於書香門第，家境富庶，自幼聰穎好學，悟性靈智奇高。自總角之時始，安慰先生廣交大賢、高僧、武術明家，遊學於大江南北，遍習中華傳統武術，無不深窺其中堂奧。

安慰先生淡泊名利，擇徒嚴苛，一生雖無著作、文章刊行於世，但保存了大量與傳

統武術明家的往來書信及其手稿、筆記、札記、拳譜等文獻資料，這些資料記錄了許多歷史人物和歷史事件的經過。例如董秀升、王新午、辛元、劉殿琛、孫祿堂等民國時期著名武術大師的各類訊息，山西國術促進會的活動情況，以及安慰先生自己的拜師經過、習拳經歷、與全國各地武術名家的交往過程等文字記述。這些資料絕大部分由其親傳弟子閻子龍先生收集珍藏，這也為閻子龍先生整理這部具有濃郁史實性質的著作奠定了堅實的基礎。

安慰先生的國學文化底蘊十分豐厚，深悉《易經》《道德經》《黃帝內經》等諸多經典，在其文稿、筆記、札記中均映射出其淵博的傳統文化修養。

安慰先生對傳統武術的修習和涉獵十分廣博，遍習形意拳、太極拳、八卦掌、少林拳、八翻手、三皇炮捶和槍、棍、劍、鞭，以及佛道兩家的內功等，一法精百法通，終達大乘之境。

閻子龍先生深得其師真傳，在經年累月的學習過程中深受薰陶。他整理的此書填補了許多武術明家在民國時期活動軌跡的盲點、斷點，還原了當時武林事件的原貌，澄清了許多無端的推測、臆想；在拳術拳法方面，對許多拳勢、拳法和樁功的誤傳進行了校正；在功法修練方面，對一些重點、要點、難點和瓶頸進行了開釋和糾偏。同時，這部著作中展示的圖片、信函等資料亦彌足珍貴，具有十分寶貴的史料價值和收藏價值。

　　傳統武術的傳承歷來多是口口相授，致使許多寶貴資料
湮沒在歷史的長河中。在此，感謝閻子龍先生的無私奉獻，
將其師安慰先生的武術精髓和資料公之於世，為傳統武術文
化的發展和弘揚做出貢獻。

　　拙文澀語，忝為序。

王占偉

2020 年初春

安慰先生小傳

公姓安氏，諱慰，常悟其號也。祖居太原，世代為宦，詩禮傳家，於橋頭街有祖宅一座，門面若干。

安慰先生

其父明德公，乃前清舉人，民國以降入國民黨，曾任太原校尉營小學校長，得子二人，長子早夭，公即為獨子。

公性恬淡寡言，幼而穎悟，泛覽群籍，能通其意；習書繪畫，冶性陶情。先後師從王新午高足霍寶珊、劉殿琛高足辛元、何月波弟子路開源、孫祿堂之女孫劍雲諸先生習武學技。於理能探幽發微，於術精益求精，將易、醫之原理，釋、道之體性，與拳術融會貫通。師承皆名家巨手，習藝技精功深，內功深厚，身法出眾，勁力精巧，精形意、八卦而尤擅劍術。其演龍形劍，身如游龍飛鳳，步似風退鵝毛，因不輕炫於廣眾，故能知其深者絕少。

公青年時，正值國內戰亂，感神州陸

沉，環海橫流，志不能展。後投考華北大學戲劇科，師曹禺、歐陽予倩諸先生學習戲劇文學，畢業後任職於山西藝術學院。「文革」時期，公備受衝擊，下放至夏縣八載，後調回太原五中任教，直至退休。

公一生時運不濟而命途多舛，徒有宗愨之志，難免季子之窮。奔波半生，一長莫展，遂灰心功名，本其幼之所習以自娛，懷道心而遁世。20世紀八九十年代，雖曾參與武術活動，而不欲徒以技顯、與人爭名，故日與相接者無公卿名士，藉以遣情者有拳劍經書。

嗚呼！公雖未於世立功顯名，獨善其身而終老，然珠璧淪於草莽，亦可哀矣。

晉陽故地，每多異人，公之絕藝，超群絕倫。學文習武，抱樸守真，賦性恬淡，市隱沉淪，既慷慨而嘆息，感人心之不振，乃旁參夫二氏，遂精義而入神，慕山林之野趣，俠隱出乎風塵，哀珠璧淪於草莽，欣遺芳澤於後人。

代前言 掩卷思人使人悲──懷念先師安夫子

將先師安慰夫子的口述與武學文獻整理完的此刻，我正在德國，下午四點多，坐在開往海德堡的火車上。車外是四月的天，帶著冷冷的春雨。沿途閃現的木屋前，零星地開著幾樹白色的花，不知道那是不是蘋果花。微信上，師兄弟剛同我溝通完出版社的修改建議，又命我寫一點對先師的追念。

對著車窗外的異國山河，念及先師，我是慚愧的。孔子作《春秋》「筆則筆，削則削」「子夏之徒不能贊一辭」。對於先師之德、之行、之學，我也不能贊一辭。我只能說一些多餘的話，就像瀰漫在窗外的不合時宜的雨。

幼年時我體質不太好，體弱而善病，不能像小夥伴們那樣肆意地頂著風雨四處玩耍，更多的時候是坐在家裡閱讀自娛。在這種安靜的閱讀中，我逐漸對史書中孔武有力、馳騁邊關的統帥，對武俠小說中寄蹤天涯、行俠仗義的劍客，產生了無盡的想像和嚮往。村中年齡極長的老人們常在閒暇之餘聚在一起談古或者回憶，他們中許多都是經歷過晚清民國那個亂世的，有老紅軍，有曾經的國民黨士兵，年紀小一點的有參加過抗

美援朝的，也有做過響馬而羞於承認的。甚至，有長輩還稱自己參加過義和團，一口大鐵刀舞開來，腳下能蹚出八陣圖的痕跡，斬殺過不少洋人。他們一起談天的時候，有時爭論得不可開交、面紅耳赤。因為年齡大，牙齒都不全了，言語激烈的時候，吐字不清，只覺得他們嘴巴上的皺紋更深了，下巴上的鬍子一攦一攦地表達著激動的情緒。如果沒有人圓場，不歡而散是常有的事情。但下次又會主動湊在一起閒聊，開始新一輪的辯論。在這種反反覆覆、零零碎碎的講述中，我拼湊出了從晚清到新中國成立後的許多歷史片段，還有民間口頭傳頌的英雄故事，比書中讀到的更鮮活。漸漸地，我在腦海中建構了一個屬於那個村莊、屬於我的傳奇。同時在這個過程中，我樹立了對武術的最初認知和興趣。

後來家人請一位會武術的體育老師教我健身方法，我學了幾次後，發現他那笨拙的蹦跳、可笑的跟頭與我想像中「玄妙」的「武學」一點兒也不吻合，完全不能引起我的興趣。後來一位民國就出家，在外省修行的道長歸鄉訪親，家裡長輩請他指點我讀道家的經典，他順便也教了我一些道家吐納的功法。這些道理與修養的功法、道家的玄言引起了我莫大的興趣。再後來我學習了太極拳、武當劍，因為更多的精力用在學校的學業與功課上，所以對於武術總是淺淺涉及，只作為健身之用。雖然沒有更深入、更專業地鑽研，但我對武術的終極境界和奧妙總懷著無盡的期待。在學校裡，夜深人靜的時候，我也會在操場上或花園的角落裡悄悄站站

椿、練趟拳，帶著稚嫩又熱烈的執拗尋找著武學的路徑。套路、動作學了很多，但越學越覺得困惑，甚至產生了厭倦排斥的情緒，總覺得所學的那些東西該有一個統攝、一個根本，沒有這個，便覺得空空蕩蕩，沒有主宰。

後來機緣巧合，經幾位武林前輩、先進引介，我拜入安慰夫子門下，成為他老人家的入室弟子。自此，我的內心有了根，對武學的體認也有了嚮導與主宰。先師安夫子是晚清書香舊族出身，又是民國新派的大學生，足跡遍及京、津、晉、冀、豫。他既有舊學根底，又深於新學，既有父祖庭訓，又蒙師友切磨。文能追摹莊周，武頗探源武穆，蔚然藹然，文質彬彬，使我「一遇傾心」。我以前在武術技擊方面沒有用功，徒然學了一些套路，不敢言武。但是少小受學讀經，後來讀大學，直到博士畢業，學的都是古典文學相關專業，故與先師非常相契。師兄弟及先師的故知說我行事談吐的氣質與先師很像，然先師文貌武質，內外俱仁，我則文而弱，武而柔，不曾彷彿先師之萬一。

先師平生際遇與神采已經盡載於前，願考文之君子展玩，以為博覽之助；先師一生心力之所注、武學之精粹並附於後，亦祈武林同道不厭細讀，可作他山之攻。至於先師一生學行德養，不肖未能精研，而幸有同門師兄弟傳其武學精要、承其道德文章，使先師威靈不墜於地。先師去世，使我們師兄弟過早地失去了教導與指引，是我們的大不幸，但我們同心同德地進德修業，努力為先師遺教盡一點微薄的力

量，願意為中華武術興旺做一些力所能及的事情。

　　遺憾的是，在整理先師音像資料與筆記、著述的時候，我們沒有找到先師的子女，有些人和事都沒有更進一步核實，只好割愛，留稿不發，希望將來有機會再做補充增訂。

　　車窗外的雨還在下，雨點密集而清冷，看樣子到海德堡的時候也停不下來。內卡河上濕漉漉的橋、峭壁上幽寂的哲學家小徑、王座山上殘破的古堡已經隱在黃昏中了，恰如我此刻的心境，早已失落在憂傷與思念之中。這種因先師而生的思念和情緒，將永遠伴隨著我，無論我在哪裡。

　　突然想起去年初春時節，某日午後靜坐，先師安夫子恍然在側，拍拍我的胳膊對我說：「你坐姿不對！氣息不對！看我坐。」我不知道是不是靜坐的時候睡著了，不知道是不是夢裡重溫了先師生前的場景，還是先師惠然來入我的夢境。因這情真，所以我情願這境也真。

　　一覺而醒，只有我煢煢枯坐，忍不住失聲痛哭。儘管先師已經離開了，但還掛念著我這個無用之人。當天下午，在整理先師的武學材料及傳記時，對著窗前盛開的丁香花，回味著這個夢境，他老人家的音容歷歷在前，他老人家的指導和訓示聲聲在耳，甚至我的手臂上還留著他觸碰的氣息，不禁喀焉自喪。推開電腦，頹然而起，徘徊滿室。摘下掛在牆上的古琴，憑著鬱結的情緒作了一首歌，擬名《東風吹》。現將這首歌抄在這裡，作為我對先師的紀念，也作為我語無倫次的行文的收尾。

春睡起，東風吹，

空室徘徊動羅帷，

不知不識我是誰，

唯見窗前丁香搖空枝。

隔簾蘭花影未動，案上蒲草發華滋。

恍然覺來夢未盡，獨坐琴前意更痴。

似有閒愁困雙眉，拔劍擊柱也無詩。

料得水前野草離離顧玉影，

谷中山花漫漫繞春池。

本當放任白鹿遊青崖，

渴飲德泉咀靈芝，

竟然睡後惹春愁，

掩卷喪我不自知。

東風吹，初春時，

愈思古人思愈悲。

朗然白日懸高樓，

悄縱清嘯聲遲遲。

東風吹，欲何為？

弟子田永濤謹敘於德國鄉間道上

方其時也，零雨其濛

2019 年 4 月 5 日

目錄

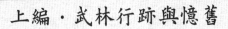

上編 · 武林行跡與憶舊

下編·安慰先生武學遺錄

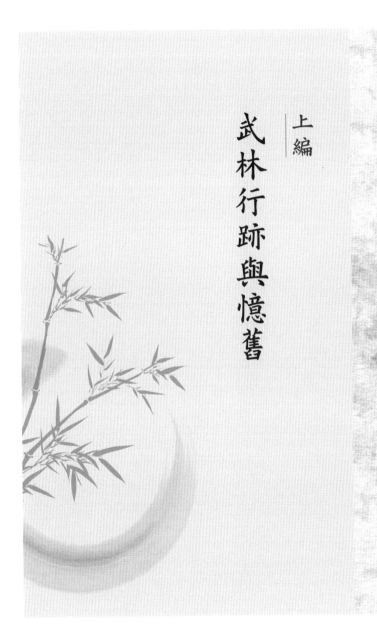

上編

武林行跡與憶舊

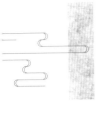

白頭何所寄，猶作少年吟
——我的少年時代

橋頭街的繁華

我叫安慰，祖籍太原，算是世代書香人家。先祖父是前清的舉人，似未出仕，在家侍親教子，以詩書自隱，頗有朋友交際，多清雅之士。先父諱明德，自小受的是舊學教育，飽讀詩書，也兼學武藝，師從形意拳名家王福元先生。先父青年時正處在清、民交替之際，為時代所薰染，接受了不少西式的思想和知識，與當時的賢哲一樣，以強國禦侮、立志自新為懷，最早加入了同盟會，民國十三年（1924 年），在我三歲的時候，他又加入了國民黨。

我父親兄弟四人，二叔父英年早逝，我記憶裡沒有和他見過面。父親是長兄，開始的時候在小學謀職，是普通的教員。因學行優秀，能力突出，為同事敬重，先後任校尉營小學和橋頭街小學校長。我四叔父（諱祖德）也是教師，自民國至新中國成立後一直任教職。三叔父（諱樹德）一開始沒有參加工作，在家打理家務，後來去了銀行工作。

當時我家住在太原橋頭街，那是一條東西向的短街，沒多長，也不是很寬，但卻是老太原城士紳名流嚮往之地。街北面就是南肖牆，緊鄰明晉王府南華門，明清顯宦的府宅大

多在此或者在附近的街區。僅我家所在的這段街上，便有寧化府、大濮府、小濮府、臨泉府等府邸。清末以後，尤其是民國後，皇權消失，舊貴族地位喪失，這裡逐漸成為太原城最繁華的商業街區之一。

橋頭街向東與上馬街連接，直到盡頭的東泰山廟。出家門往東走的話，路北有西夾巷、東夾巷、雙龍巷、南巷子四個巷口，無不人煙輻輳，店鋪林立。東夾巷和雙龍巷之間還有前清的錢局，當時或已改作他用了，沒有特別留意。街南側有萬壽宮、崇善寺、文廟，加上附近街區大大小小的寺廟幾十處，無不是三教九流、龍蛇混雜之處。

再往東就是現在的五一路，以前不叫五一路，叫紅四街。之所以叫紅四街，老輩有兩種說法。

一說原來明代晉王府，出了南華門往皇廟的途中有四個十字路口，分別建了四個朱漆牌樓，橋頭街東頭這個路口是第四個牌樓所在地，就叫紅四牌樓，這條街也就叫紅四街。另一種說法是這不叫紅四街，應該叫紅市街。據說明末農民起義軍領袖李自成攻破太原城後，就把晉王府的老老少少和守城不降的大小官員全部拉到這裡殺了，當時青石板的街面上血流成河，後來人們就把這條街叫紅市街。1937 年，日寇占領太原後，就在紅四街上修了一條砂石路，叫新開街。20 世紀 50 年代城市改造的時候，將新開街鋪上了厚厚的柏油，並取消其稱謂，建成了現在的五一路。雖說這是一條不起眼的路，但翻開地上的砂石瓦礫，下面有歷史。

向西到鐘樓前，與至今仍是商業中心的柳巷相連。過了鐘樓再向西便是鐘樓街，連著靴巷、襪子巷、帽兒巷、柴市巷、活牛市、南市、開化市等，全是老太原商業和手工業匯

聚的地方，寸土寸金，繁華無比，
有著當時北方甚至整個中國少有的
繁榮氣象。戰國時期晏子描述齊國
臨淄城的繁榮時說：「齊之臨淄三
百閭，張袂成陰，揮汗成雨，比肩
繼踵而在，何為無人？」少年時瘦
弱的我手持書卷匆匆走在橋頭街
上，在熙攘喧鬧的人流中跌跌撞撞
地前行時，常常暗嘲晏子：「晏子
的臨淄，何如我的『臨淄』？」

少年安慰

　　鐘樓街這個方向有幾處戲園子，總有京劇演出，當時還
叫平劇，我特別喜歡，所以也常去。當時太原城裡名角兒很
多，唱晉劇的名家裡，我印象最深的是一個唱黑頭的，號
「獅子黑」，開口吐氣真如獅子吼，氣勢迫人，而行腔咬字
又精細無比，像獅子搏兔，絲毫不覺用力。外地的名角兒也
常來太原演出，比如梅蘭芳、尚小雲這些角兒都來過，但凡
這種場，我一定會去聽。

　　這些薰染對我的影響不可估量，後來讀大學的時候選擇
了戲劇科，或許種子早在這個時候就種下了。

　　就是這短短幾百米的街上，集中了幾乎所有老太原的名
字號：寧化府、清和元、大寧堂、認一力、老鄉村、一間
樓、六味齋、雙合成，等等。其中寧化府是明代寧化王府留
下來的釀醋作坊，原址原工藝，綿延數百年不失其醇，天下
少有。

　　清和元和大寧堂皆是明遺民傅青主先生開創，清和元以
清真菜和藥膳頭腦最為出名，大寧堂是濟世救人的藥店。當

時不論窮富貴賤、男女老幼，無不喜歡吃頭腦，一碗難求，加上出售的時間一般在冬天的黎明前，於是形成了顧客在清和元門口提著燈籠排隊吃頭腦的壯觀景象。

天還不亮，清冷的風像水一樣流過，有時候月亮還沒下去，星斗滿天，老老少少提著燈籠排隊，像一條火龍一樣，甚至身子弱的或者老年人還隨身帶一個小板凳。下雪天人稍微少一些，但也少不了多少。其他如認一力的餃子、老鄉村與雙合成的點心、一間樓的菸酒、六味齋的滷肉，無不是人間勝味。

當時經濟條件好、有能力的人會時常去這些大館子，不想親自去館子的人或者家裡不方便出門的女眷，就會派人點上菜，或者寫好菜單，讓飯店做好了派夥計送到家裡。比如當時的桃源村飯店、清和元、認一力都有這樣的業務，類似於現在的外賣。對了，還送消夜。

經濟不好的人，或者賣苦力的人最愛「雜澄」。所謂「雜澄」，就是將大飯店客人們吃剩下的飯菜收集起來後，燴在一起回回鍋，價格也不貴，窮人們愛吃這個。

當時老太原人的生活習慣和現在不一樣，比如飲食，每天兩頓飯。第一頓飯在上午十點來鐘，第二頓飯在下午五點來鐘。與古人說的朝食、哺食時辰相合，可見是很古老的飲食傳統。平常的人這樣就足夠了，對於下力氣的人和一整天泡在新式學堂的學生來說，還需加頓早飯和消夜。

晚上，在街頭巷尾都會有消夜的攤點，我最懷念的是燻肉夾餅。上等的精肉燻烤過之後，切成片或者塊，夾在新烤出的白麵餅裡，酥軟鮮香，老太原人把這種夾肉餅稱作「蛤蟆含蛋」，也算是曲盡形容之妙了。

海子邊的江湖

　　從橋頭街的巷口往南拐，就到了海子邊，旁邊有純陽宮、新南門街的書院、山西大學。海子邊是以前的叫法，即現在城市地圖上標識的文瀛湖。以前北方人多把湖稱作海，比如北京有中南海、北海、後海等，其實就是湖。

　　太原的這個海子，據老輩人說是相當了得的。它雖然在城內，但是每到夏天汛期都會漲大水，常常把周圍的住戶淹了，老太原人稱作「泛海子」。百姓們說這個海子通著汾河，甚至傳說裡面還住著一個能夠呼風喚雨、興風作浪的王八精。唐代的時候，狄仁傑路過海子邊，王八精化作一個老人，告訴他一定能考中狀元。後來狄仁傑高中，返鄉後在海子上修了一座橋，俗稱狀元橋。現在世代更替，橋早就重建翻修過了，人們還叫它狀元橋。

　　海子邊彙集了很多雜耍藝人，有變戲法兒的、耍猴的、算命看相的、唱小戲的、彈三弦的、口吐寶劍的、吞鐵球的，簡直行行俱全。

　　我小時候身子弱，最喜歡看練硬功打把式的，這些人身板結實，功夫漂亮，他們還有很多我沒見過的奇門兵器，這都能激起我對綠林奇異之士的想像。後來讀了唐代的傳奇小說，也多次特意擠進人群觀察這些江湖武人，看他們的一舉一動、一顰一笑，試圖找出佯入風塵的俠隱，猜誰是虯髯客、誰是聶隱娘。遇到言語磊落、器宇軒昂的，我也會努力拍手叫好，把自己的零花錢勻出幾角遞給他們。

　　在看相為生的人裡，我記得最深刻的是「金剛眼」。「金剛眼」應該是人們送他的雅號，一方面是因為他有一隻

眼的眼球像帶花的玻璃球，俗稱玻璃花兒眼；另一方面是因為他相人奇準，事無鉅細，一語中的，使人生畏。沒人的時候，他總是微閉雙目，垂著頭，靠坐在路邊的矮凳上，破舊的衣衫令他顯出一副蒼老的模樣，後來才知道，他也只比我大十來歲。少年涉世，被生活消磨，可見他那雙洞明別人人生的雙眼背後，也經歷過許多故事。可惜這些故事也已然隨他而去，又有誰知呢？

當時說書的人很多，最讓人欽佩的是一個叫狄來珍的先生。稱他為先生，並不是他和我有什麼特殊的親情關係，而是尊重。依著老太原的教養，滿城的男性，都稱作先生，女的都稱作太太。不管你是官宦人家的女主人，還是撿破爛家的老婆，都被稱作太太。這是人情，也是尊重。民國時候，太原城裡是這樣，其他的城市也應該是這樣。

再說這個說書的狄先生，他是河北人，寓居太原，號稱「華北評書大王」。一般的說書人，或者擅長說楊家將，或者擅長說岳家軍；有人專說風月故事，有人愛講朝代變更，各有專長，最多會個三四部書，說完了就換地方。唯獨這位狄先生，在太原城幾十年硬是沒換地方，說的書從來不重樣，偏偏他又不識字，更是了不起。

據說狄先生之所以故事不斷翻新，和他的夫人有很大關係。他夫人原是青樓裡的妓女，識文斷字，多才多藝，後來被狄先生贖了身。狄先生雖然年齡比她大許多，但很是敬重她。每天上午狄先生說完書回家吃過午飯，歇晌的時候，半躺在炕上，喝著水抽著旱煙，他家這位夫人就會給他唸書，不管是文人行裡的詩詞歌賦各體文章，還是史書小說、古今雜著，有什麼念什麼，甚至時下報刊上所載的大小新聞逸

太原評書藝人狄來珍畫像（閻子龍繪）

事、醜聞暴行，都會念。這位狄先生聽完就睡，下午再到書場說書，立刻故事翻新，聲口畢肖。比如說文人時，吐詞之清雅，令許多讀書人都聞之咋舌。所以狄先生很是受人喜愛和尊重，收入自然也很可觀。當然，《三俠劍》《七俠五義》《三國演義》《水滸傳》這些傳統的書他也說。

後來呢，當時我也小，也是聽說，狄先生家的這位夫人和一個飯店的年輕夥計相好私奔了，事發的時候，狄先生正在書場，聽說之後立刻追出去攔住。當時他夫人和圍觀的人都認為狄先生會鬧起來，說不定還會經官。沒想到狄先生給了他夫人和那個夥計二百塊大洋，讓他們安家，坊間無不讚歎。後來狄先生也時常在經濟上接濟他們。這位夫人之後因花柳病早早去世，還是狄先生出錢安葬的。

再如，就是我知道的，太原城解放前，裡外都是戰爭，城內饑荒，這位狄先生把自己攢的錢拿出來，買上米麵糧食、餅子乾糧分給街坊鄰居，實在是豪傑之士，比多少達官貴人、軍事統領都受人尊敬。

我拜師學了武藝，才知道狄先生懂武術，是武術界的名宿劉東漢先生的弟子，精研太極拳，這更增加了我對他的欽佩，更相信市井中有英豪隱遁。在我快到九十歲的時候，同學朋輩凋零，武術界的朋友們很少知道我，偶有人問我何以甘心埋沒於市井，我總是付諸一笑，因為我嚮往的那個江湖，非問者所追求的那個江湖。

少年時，我就在這樣的環境裡薰染著，不知不覺便受到了影響。我的人生中，習武、研究佛道異書、學習戲曲文學，等等，與童年時期的這段經歷有著很大的關係。如果說橋頭街充滿銅臭味的商業氛圍讓我覺得壓迫，總想著逃離，

那麼海子邊的江湖氛圍則更能吸引我。這裡自由、粗獷、神祕、多變，有著不可言說的魅力。

一直到晚年的歲月裡，我都喜歡去公園各種人彙集的地方，在那裡，「你是誰」「他是誰」都可以忽略，也都可以激起別人的好奇心和興味，讓人構築出許多亦真亦幻的故事。每個人都需要在現實中發現一個世界，更需要一個虛化的理想中的世界，來安撫我們寄託在凡塵的身與心。

海子邊還有一個坐北朝南的勸業樓，二層的歇山頂式建築，是清光緒三十一年（1905 年）張之洞在山西做巡撫時所建。清政府經歷過戊戌變法、八國聯軍燒殺擄掠、被迫簽訂許多喪權辱國的不平等條約等大事件，許多愛國人士強烈呼籲清政府變革、學習西方實業興國。勸業樓就是在這種背景下建起來的。成立之初，名為「勸工陳列所」，所陳列者為山西的各種土產品和手工業製品，主要是為推廣、發展民族工業。

勸工陳列所前面的寬闊廣場也成了一些進步的知識分子和民眾集會的場所，叫「太原公會」。辛亥革命後，大概是在民國元年（1912 年），孫中山先生來到太原，對山西各界群眾，同盟會的成員，太原商界、學界、軍界、實業界及各黨派做了五次演講，其中三次演講都在勸業樓。因我父親當時是老同盟會會員，也受邀參加了。在同一個地方連續做這麼多次講話，在孫先生的整個政治生涯中也是不多見的，所以當時無論士紳還是平民，都覺得非常光榮。

可能是因為這件事，後來海子邊所在的公園改名為中山公園，抗戰勝利後，又先後改名為民眾公園、人民公園，直到 1982 年，才改名為現在的兒童公園。緊接著，在 1986

年，勸業樓也改成了孫中山紀念館，當然這都是題外話。山西大學是民國元年改的名字，原來叫山西大學堂，光緒二十八年（1902 年）創辦。文瀛湖對面還有省立第一中學，可見自橋頭街向南是當時太原的文教中心。

總體來說，山西是當時的模範省，太原的政治、經濟、文教在當時都有相當的地位和影響。而橋頭街附近的地方，又是當時太原的經濟和文教中心之一。我所見的老太原的繁華有限，清代魏子安的名作《花月痕》寫盡了并州城的繁華，閒時不妨一觀，足資想往。

安於斯宅

在橋頭街上，我家有兩個緊挨著的三進院的四合院。當時老太原的四合院，對前朝禮制雖然不怎麼嚴格遵守，但是有能力的舊貴新貴還都願意堅持老規制，在建築細節上展示自己的財力和身分，比如用什麼頂、什麼簷、什麼瓦，等等，有心的人都會發現不同。總的來說，當時橋頭街附近的四合院有四大類。

第一類是有功名、有封誥的人家，比如在開化寺附近的李道台的府宅，多進的院子，花圃荷池，講究的是肅整清雅。

第二類是富商大賈的宅子，營建不怕費工，磚雕木刻極盡華麗，無不刻意彰顯財力，雙龍巷的幾處大宅就是當時富商所營建的。

第三類是普通人家的院落，有經濟能力的是素淨的磚房硬山頂，配三五間平房；經濟條件比較差的百姓人家，大多

是磚柱土坯的平房，配三兩間廂房，勉強成個院落；至於最窮苦的，可能只有一兩間土屋，一家人擠在一起，勉強棲身而已。

第四類是當時閻錫山治下的新貴們修建的住宅，雖然也是四合院的格局，但大多吸收了西式建築的風格，像精營東邊街國民革命軍陸軍一級上將徐永昌的公館，占地三四十畝；校場巷閻錫山秘書長賈景德的舊宅和在東華門的賈公館等，建築風格上都踰越了舊制；甚至還有突破四合院格局的，比如閻錫山手下的另一位上將孫楚，在臨泉府舊址上直接建造了一幢氣派的洋房，不要說在整條街上鶴立雞群，就是在當時的太原城裡也很少見，可惜後來被拆掉了。

我家因有前朝的功名，所以住宅的等級是在第一類的，但是經濟實力又比不上富商大賈及軍功新貴，所以只有三進。因為是兩處緊挨著的三進宅院連在一起，也還算寬敞，頗有中上等人家的氣象。另外，我家的宅子雖然是三進，但是院子都比一般人家的寬敞。臨街是走馬門樓，飛簷高挑，朱漆微剝的大門上幾排銅釘，每扇門上都有一個大銅鑿獸頭，口銜銅環，被摸得光滑潤澤，天光之下像兩個金月牙掛在門上。每次回家敲門前，我都會看上一會兒。

進大門，門洞右手邊的牆上開了一個小龕，作為土府，裡面供著土地爺。進院迎面是一個高聳的照壁，上嵌著磚雕的松鶴百壽圖，四角以蝠紋、雲紋為飾。照壁正中靠上也開著一個龕，磚雕的樓閣，祥雲圍繞，這裡供奉著天帝爺。前院和後院正房之間有一個小而精緻的花園，二門是精雕的垂花門，正房和每進院的廂房都是五間。廂房是雙出水的筒板瓦硬山頂，正房多了團花脊嶺，兩頭安放著閉口獸吻，獸尾

高高揚起，似乎隨時都會破壁而出，御風而去。

　　後院正房是二層的樓房，一樓有抱廈，門窗架樑都有雕飾，護板上有彩繪和浮雕，都是飛簷遠探，像鳳喙龍鬚一樣，十分神氣。堂屋正中是一條捲雲紋兩頭翹的長條几，下面是一個束腰馬蹄足的八仙桌，雕花繁複，牙根鑲螺嵌貝。桌子左右有兩張書卷背搭腦太師椅，都是核桃木的晉做家具，十分華貴莊嚴。

　　牆上是一幅濃墨重彩的山水中堂，左右各兩條對聯，筆墨都很出彩，可惜已記不得是出自哪位先生之手了。條几正中間是一面很高的神主樓，打開嵌著銅環銀釘的小門，裡面供奉著安氏列祖列宗。條几兩邊是兩個插花的膽瓶，四季的花卉時常更換。條几上面，在太師椅背後還有兩個帽筒，來訪的先生無論戴的是傳統的還是西式的禮帽，在落座之前都會脫帽，並隨手放在身邊的帽筒上。在堂屋右側通往祖父臥室的門口，還有一個時髦的玻璃做的穿衣鏡。

　　我對堂屋的記憶，最深刻的就是條案正中供奉的神主樓。老太原的舊俗，每年年三十下午，在太陽落山之前，要放鞭炮、上供、接神主。在此之前，需要把神主樓擦抹乾淨。在我印象裡，擦神主樓，好多年都是我和母親的事兒。浮雕的雲，一朵一朵擦乾淨；鑲嵌的小木瓦，一片一片擦乾淨；雕刻的門窗木格，一格一格擦乾淨；寫著列祖列宗尊諱的小神主排位，需專門換上乾淨的細綢擦撫一遍……每次讓我覺得苦惱的就是擦拭瓦縫、鏤空的窗格、浮雕的雲草紋樣，小手持著布塊，小心翼翼，要費好多工夫。

　　高高的院牆，從外面看顯得冷漠，有點拒人於千里之外的感覺，但進了門卻是另一番靜雅。每次從喧鬧的街上走

過，各種氣味、聲音壓迫著鼻子和耳朵，讓人掙脫不得。一旦走上這幾級台階，手抓住銅環叩門的時候，心裡便會安靜許多。只是這幾級高出街面的台階，彷彿就已經讓我從市井紅塵裡超脫了出來。回身看看街上，貴的賤的、窮的富的、拉車的坐車的、趕驢的騎馬的……你擠我扛混在一起，看得久了有時竟然會生出傷感。

等開了大門進到院子裡，剎那就進入了另外一個世界，外面的喧囂都會遠去。圍著正房抱廈前的魚缸走上幾圈，缸中的荷花或開或不開，我都很喜悅。如果不外出訪友，祖父總會在後院的書房，或者持卷吟哦，或者搦筆沉思書寫著什麼。母親身子弱，極少出門，一般會在東廂房和幫傭的女人閒聊。人的心理是奇怪的，在街上被各種喧囂與氣味裹挾時，嚮往的是深宅中的安靜，而當我進入這幾層院落後，卻在這深深的寧靜裡感到些許的寂寞。

當這種孤寂從心底生出來的時候，我就會悄悄爬上後院二層的閣樓，憑欄遠眺。遠處有點破舊的城樓依然雄偉高聳，像一個看慣世事、心無波瀾的老者，或者是一位坐在須彌山巔俯視眾生的老僧。近處依然人流如織而聲音微弱，恍如在別的世界。天空瓦藍瓦藍，有雲有風，還有不知誰家的鴿群和不知名的野鳥飛過，像夏季海子邊水藻上游過的蝌蚪群，或者一掠而過的魚子群留在水底的影。

當時我心中的窘迫與不安被淵靜沉默的祖父看破了。過了些時候，祖父便請來了先生教我讀書，我的心才逐漸安定下來。因為在這幾重宅院外，我找到了更大的世界。院落內外的喧囂也罷、閒愁也罷，相比於古人書籍裡所構建的那個世界，似乎真的渺如塵埃不足為道了。

另外，我家裡還有六七間店鋪門面。因為祖父尚在，父親和兩個叔父並未分家，各自成家之後仍住在一起。家中生活靠父親與四叔父的薪水。當時尊師重教的風氣頗盛，任教職的父親與四叔父薪水也豐厚，尚可維持一大家人的開支。三叔父打理著這六七間店鋪門面，因為是書香人家，先祖父不許親自經營，大多是出租。門面的租金，加上家裡幾間閒房的租金，家中經濟狀況還是充裕的。

記得當時橋頭街上有幾戶大戶人家，最著名的就是馬家和安家。馬家也是世代書香、積德行善，現在還有人在，他家老四還很健旺，和我時有來往。安宅早在橋頭街改造的時候就被拆了，而馬家老宅是近些年修銅鑼灣商場的時候被拆的。其餘幾戶老街坊已經星散，甚至記不起他們的姓名和模樣了。八十餘年光陰，滄桑數變，恍然如夢。

退休後的二十多年裡，每次路過舊宅附近的街道，都會看到拆建工程。不數年之間，附近的街道巷口統統改了樣子，寺廟宮觀、四合院、老洋房、明清遺跡、民國影痕，一個接一個地消失了。這種消失，讓我這個衰朽之軀頗覺悲傷。就像這是一個人、一隻動物，不僅被剝奪了生存的權利，還把它們存在過的痕跡也一併抹去。

城中建起了商場、影院、賓館，一座座高高聳立，仰望不見其頂。霓虹燈招牌、藝人巨幅照片高懸，讓我心慌憋悶。曾經見證我成長、熟悉我、認識我的太原城沒了。時間像是無邊的大海，淵深寂靜，而我的這些記憶與時光，也逐漸沉沒在這個黑邃的海底。

前幾年在迎澤公園裡練完拳，聽人說又在拆老街巷，我專門騎車過去，遠遠地看了一眼，除了高樓林立、歌聲喧

嘩，什麼也沒看到。

扶著自行車在路邊站了一會兒，想到以前幾級台階便可以讓我脫離這些喧嘩，現在即使登上高樓，仍不免是無邊塵囂，竟似無處可以躲避。一片樹葉掉了下來，落在肩上，我隨手把它裝進口袋裡，回家了。

這說的是最近這些年的變化和情境，其實早在「破四舊」的時候，我就有過這種感受。當時，父親專門請人來，把家具上的雕花或者刨平重新刷上氣味難聞的化學漆，或者拆除燒掉。堂屋的八仙桌也被刨得不成樣子，還裝了兩個醜陋的抽屜，以示與舊事物劃清界限。

神主樓也被劈作一堆爛柴抱到廚房去了，上面的銅飾以及大門、各個房門、箱櫃上的銅環裝飾也都被拿去大煉鋼鐵。正房、廂房、照壁上的飛簷彩飾一律除掉；磚雕獸瓦，凡是人摳得著的地方，也都主動搗掉了……整個院子一下子失去了它的神韻，如同翦除了羽翼的鳳凰，樣子實在醜陋不協調。

家具上的畫和浮雕的圖樣，有十分精美的，父親實在下不了手用斧鑿，便冒著風險，糊上石灰、抹上泥，然後再刷幾遍漆遮住，也是無奈之舉。即便是沒了神主樓，逢年過節，我們還是一樣接神主，只不過是偷偷摸摸的，要避人耳目。父親把列祖列宗的名諱寫在紙上，藏在穿衣鏡後，一家老小偷偷地對著一面鏡子行禮，實在滑稽可悲，有失體統，可是祖宗豈能不敬？

無奈！無奈！料列祖也會體諒吧。現在社會上有人開始重修家譜，是想再供奉自己的祖宗，可是上溯不過三代，連祖宗的名諱都遺失了。

開蒙

民國十年農曆九月（1921 年 10 月），我在橋頭街老宅出生了。聽父親說，在我出生之前，有一個哥哥夭亡，母親本來就多病，此事對母親的打擊很大，精神與身體都更差了，時常靠藥物調養。後來懷上我的時候，舉家歡喜，母親更是精心保養。即便是這樣，我先天身子也還是弱，加上哥哥夭亡的陰影，家人就把我一直看在家裡。除了個別時候跟隨母親、嬸母去寺廟上香、趕廟會外，寸步不許走遠。所以即便到了開蒙年齡，也沒去外面的學堂，仍是依著舊禮請先生來家裡設館。

當時請的先生有：一位講經史文章的，一位講詩詞歌賦的，一位教書法繪畫的。為了方便先生來教，家裡專門雇了一個拉洋車的，定時接送先生。當時太原汽車極少，只有政府、公館有幾輛，而馬拉的老式轎車越來越不時興，街上跑的都是洋車，外地叫黃包車。這種車大街小巷都能去，也輕便便宜，所以當時就雇了洋車接送先生。

先生來家之後，父親帶著我拜了孔子像和先生，學習算是正式開始了。在此之前，父親也會督促我誦讀經典和一些詩文，接觸到古人的一些東西，但是零零碎碎很不系統。

我的主要功課先是四書，然後是五經，五經之中又以《詩經》為主，先生也會抽講《禮記》的一些篇章。其次的功課就是輔以先秦諸子，《荀子》《老子》《莊子》是大宗，用了很多工夫誦讀。再次就是詩詞古文，自秦漢至民國的一些名篇佳作，由先生指定選讀。

可能和我個人性格有關，剛開始學習的那幾年裡我尤其

喜歡宋代的詞，沉迷在它們的情境和韻味裡不能自拔，許多說不破、不能說破的情緒，失落的、慷慨的、清發的、含蓄的、直爽的、低回的……恨不得一個一個都替古人道破，這些苦楚與離別的情緒都替他們承受了。

後來讀古文，讀《唐宋八先生文集》，喜歡上了韓文公。其文章奇崛冷峻，恩怨、是非分明，外表看似不近人情，內裡卻是古道熱腸，上到家國天子，下至黎庶草木，無不摯愛。他的詩歌也好，雄強時能唱「城上赤雲呈勝氣」「劃然變軒昂，勇士赴敵場」，氣吞天地；清婉處不乏「天街小雨潤如酥，草色遙看近卻無」「長安雨洗新秋出，極目寒鏡開塵函」，又細緻清新。

不過詩歌裡我更偏愛陶淵明，七八歲時初讀陶氏集，便對《歸園田居》所構畫的境界產生了極大的嚮往。當我把我的欣喜告訴祖父和父親時，祖父沉吟了一下，說：「你少小便有出塵之想，怕是將來也是逸民隱士之流。也罷，當今是文滅學絕的時候，不愛功名，也是你的福。」

當時懵懂，不知祖父他老人家憂懼文明衰頹的苦心，反而在受過西式教育後暗笑過他的迂腐守舊，至今想來不禁慘然。說來也奇怪，受過新式教育後，很多觀念和理想都放棄或者改變了，唯獨在開蒙時建立的歸居田園的生活夢想不曾動搖過。這個時期所讀之書，除了詩詞外，基本都是先秦漢魏的著作，因此後來讀大學的時候就學了先秦文學。

除了經書詩詞文章外，也試著學作文，但當時已經沒有科舉，因此先生也不做嚴苛的要求。加上我年紀小身子又弱，每每只是潦草應付，塞責而已。

讀書以外的時間，家裡還專門請了一位名家教我寫字畫

畫。為此祖父拿出了他珍藏的一套珍本《芥子園畫傳》，供我臨摹學習之用。這部書由清初大文豪李漁老先生編訂，分為三集。初集是山水樹石，二集是蘭竹梅菊，三集是草蟲珍禽和翎毛花卉。它屬於康雍年間的印本，多色套印，精美異常。現在市面上大多是光緒以後坊間的石印本，畫面粗惡，線條臃腫無力，加上純墨色翻印，幾不能寓目。我當時最愛其中的翎毛花卉，喜歡畫些花花草草、鳥兒動物。

當時也會跟隨祖父和先生參加一些文會雅集，我最喜歡去的要數張貫三先生家了。張先生（1872—1959）名籍，字貫三，一名聞三，號閒田。光緒二十八年（1902 年）考取了壬寅補行庚子、辛丑恩正併科，是科舉人，春闈落榜，遂入京師大學堂習法學專業，輾轉北京、河南等地任教，民國七年（1918 年）任國立山西大學文學院院長。

張先生是名震三晉的大藏書家，山右名儒，一代耆宿，三晉學子多萃其門。家裡老宅子不足以藏書之用，故在海子邊三聖庵構築藏書樓一座，榜其楣曰「海藏廬」。樓內鴻函鉅櫝，鄴架巍巍，尤以所藏明末清初詩文集最稱精華。他十分重視方志類的資料著作，中國各省通志、山西各縣州府志，是張氏藏書樓最具特色的藏品。此外，還收藏有大量的金石碑拓、名人墨跡。

張先生在民國十四年（1925 年）編著了一部《海藏廬集部書目初編》，約六萬八千餘卷，也非其藏書之全豹。在那裡，我可以自由借閱，遇到疑惑，張先生也會欣然為我作解。張先生服膺程朱之學，精於理學家言，心地光明，律己極嚴。每次請益，我都會有收穫，或溫或厲，對我的影響很大。張先生盛年為藏書樓立約：「不得散失，勿歸商賈，鬻

書者，不如禽犢。」以求約束子弟，使藏書傳之久遠。

新中國成立後，因其善本古籍、名人字畫被多次賤賣，老人失望之餘，不得不將所有藏書以低價轉於山西大學。書雖有其歸宿，而人生如此，誠堪悲傷也。

十歲之前，我在家的學習狀況基本是這些。當時社會上的新學堂大都流行西式教育，由於家庭的特殊文化氛圍，我錯過了新式學堂的開蒙教育，老老實實地打了些舊學的基礎，後來我能在人生和武學上有些許體悟，也實賴這些典籍做底子。

在我接受傳統的舊教育時，父親是支持的，但同時他也很矛盾。父親本身是比較矛盾的人，自小被祖父嚴格培養，奔的是科舉，要光耀門楣。後來宣統退位，廢除了科舉，舉世倡議西學，父親也積極投入學習，甚至積極地加入了同盟會、國民黨。新學舊學、新社會舊社會都經歷過，他對舊學的價值和西學的趨勢是有所感知的，所以在我舊學有了幾年的基礎後，他就開始籌劃對我進行西學的訓練。但他當時正在橋頭街小學校長任上，除了教學任務外，還有公務在身，根本無暇顧及我的教育，更不能親自對我進行西學訓練，只好退而求其次，請同樣在小學任教的四叔來輔導我。這樣又過了一年多，直到民國二十三年（1934 年），我已經十三歲了才去上小學堂，去的是上馬街小學。

說起走出宅門和傳統的私塾去接受新式學堂的教育，其間還有一點小插曲。父親弟兄四個，而到我這一代，男丁不旺，再加上哥哥夭亡的陰影和我先天身體就弱的緣故，祖父一直把我看在家裡，甚至不許父親把我送到學校。

等到我十一歲的時候，父親看我身體還行，並且覺得我

年齡一天天大了，同齡的孩子早就進入學堂，再不讓我去讀書，恐怕就荒廢了。他和我母親說了幾次，母親也不敢和祖父開口。後來父親實在忍不住，下了個決心，偷偷把我叫到母親的臥室，交代了幾句，說如果祖父問起來，就說是我自己想去新學堂讀書。

有一天下午，祖父訪友回來，興致頗佳，說到某先生家的弱孫學洋文，口齒伶俐，模樣頗可親。父親趁機就和祖父商量我讀書的事，祖父撫著蓬鬆的鬍鬚，抬頭望望門外，稍微沉吟便立刻答應了。這讓父親很意外，我也覺得驚喜，當晚躺在床上做了好多的計劃，都不知道什麼時候睡著的。

就在祖父同意我去新式學堂讀書後不久，有一天祖父讓母親叫我和父親。去後院的時候，在中院廊下，父親悄悄地說：「不會是讓你去學堂的事情有反覆吧？」

等進了後院，祖父看了我們一眼便進門了，父親拉著我跟了進去。祖父斜對著我們，輕聲說：「既然同意放他出去讀書，便絕不再反悔，我也非不知時務的，只是心裡頗有疑慮。」

說話的時候，他安靜地站在那裡，眼睛盯著堂上的神主樓，眉頭微皺，手指緊緊抓著太師椅的靠背，花白整齊的髮辮垂在背後，這讓我心裡覺得心酸惶恐。父親剛想說話，祖父說：「這樣吧，你去請個深於命理的先生來給他看看。這些年我們也算是謹慎保養了，如果真有定數，也就聽天意吧。」

過了幾天，父親訪了一位先生，帶來見祖父。先生上下前後相了我一會兒，又問了我的生辰八字，父親便讓我出門去了。至於這位先生推算的結果是什麼，我當時不得而知。

只是之後祖父接連幾日都鬱鬱寡歡，看我的眼神也多了一些悲傷的味道，撫著我的頭也會嘆氣，讓我疑惑不已。

後來忍不住問母親，母親抱著我哭了起來，說那個算命理的先生是出了名的神算，說我活不過十五歲。我聞之淒然，才醒悟到原來祖父當日望著神主樓說的疑慮，就是怕我也像哥哥一樣夭折，那樣安家長房便真的無後了。安慰母親之餘，我心裡也立誓要健康長壽。所以後來願意習武，也有此事的影響。

不管怎樣，我出去上小學堂的事情還是定了下來，父親很快便到離家不遠的上馬街小學做了瞭解，校方也同意我新學期入學。就這樣，我帶著未知的命運，開始了到新學堂讀書的生活。進入新式的小學，我比同輩晚了好幾年，身材也比同班同學高出很多，這讓我有點害羞。而當時卻不知道，走出宅院的庇護，走向洶湧的人世並找到自己的歸宿，卻要用我未來的一生時間。

民國二十六年（1937 年），我剛開學不久，日寇就攻破了太原外圍的防線，太原淪陷。據說城西汾河河灘上堆滿了屍體。當時有軍隊往西撤退，百姓也跟著出城，日本人就派戰機空襲。汾河邊上又無險可守，軍民擠在一起，人挨人，被炸得悽慘，河灘血紅，殘屍漫河。

很快，日本人接管了學校，來了很多日本教員，要求我們學日語。同學中智識成熟些的，無不憤懣；稍微年幼懵懂的，也感覺到一種無形的壓迫感。課間原本充斥校園的歡笑打鬧聲消失了，大家走路也小心起來，看見日本教員一般是不太敢抬頭的，儘管他們也時常眯眼微笑、頷首示意，大家也不敢輕易回應。

　　日本人接管學校不久，父親就賦閒在家。因為他不甘心為日本人管理學校，於是選擇了辭職。對於那些配合日本人繼續工作的校領導，他也沒有過於苛責，只是有些羞憤不甘，認為該奮起反抗，卻又同情他們養家餬口的實際困難。四叔問要不要一併辭職，父親說：「你是教員，與我身分不同，不應當把三尺講壇全讓日本人占住，該給中國的子弟講些中國人的知識。」

　　四叔便沒辭職。父親賦閒的這段時間，四叔的工資已然不能應付家裡的開支，全家明顯感覺到了一種恐慌——經濟蕭條帶來的恐慌：滿城物價飛漲，物資緊缺。幸虧還有些許房租收入和三叔打理鋪面的收益，生活雖然已經顯出窘迫的跡象，但較常人還是好過一些。

　　這種日子也沒持續多久，最終和許多街坊一樣，我們開始典當財物、抵押房產維持生計。我們這種有些家業的人家尚且如此，那些窮苦人生活之艱辛可想而知。

　　日寇入城後實行了慘無人道的統治，父親便讓我從學校回來，不讓我去了。隨著城裡氛圍越來越壓抑，街道上空氣越來越緊張，日本人開始備戰，防止閻錫山軍隊反攻，人心惶惶。父親讓親戚帶著我隨著難民逃出了太原城。這一去就是兩年，流落各地，艱辛備嘗。民國二十八年（1939年），父親在城裡寫信給我，讓我回來。我才得以繼續讀書，去的是校尉營小學。

　　日本人入寇太原，打破了閻錫山的戰略佈局，也使父親讓我系統地接受西方教育的計劃徹底落空。回到學校後，我也和同學們一樣，不得不學日語。教我們日文的那個日本老師，也就十八九歲，像是從大學裡直接派到中國的，因為年

紀比我大不了多少，所以對我特別留意。

改革開放後，中日邦交恢復正常，他來過中國，我們還會過面。當時日本派的教員裡，並非全是日本人，還有朝鮮人，當時朝鮮也是因日本而亡國，他們竟然還為虎作倀來侵略中國。我印象裡有一個朝鮮老師，名字不記得了，我當時有些瞧不起他。他教我們跳繩，花樣很多，在水井井台上跳，一口氣跳二百多個，看得我們提心吊膽。這些在國難時候所經歷的，多是恥辱之事，不提也罷。

崇善寺和力宏和尚

我也常想，人的命運真的是注定了嗎？由於身子虛弱，我出生後十二三年的人生都在宅院裡度過，祖父、父親、母親、叔父們、嬸娘們都小心地守護著我，堂兄弟姊妹們也都頗關愛我。自我記事開始，如果不是重要的日子，一般不會讓我走出大門。但有幾個日子他們會帶我出去，比如去祖墳請安祭拜、隨祖父拜訪前輩等，都會讓我換上體面的衣服隨行，但這種場合比較拘謹，我一般不太情願。還有一種時候可以外出，並且我也樂意的，就是逢佛菩薩的誕辰，便會帶我去寺廟。母親和嬸母們都是吃齋唸佛的善女人，帶著我朝拜了太原城大大小小的寺廟道觀。父親雖然主張新式思想，但對中國儒釋道三教的聖賢也非常敬重，也會借朋友間會文、雅集的時候，帶我去參觀一些有名的宮觀寺廟，像重陽宮、崇善寺、文廟等。這些寺廟有的讓我覺得彆扭，有的覺得喜歡，唯獨崇善寺給我的感覺不一樣。

說來像故事一樣，祖父讓父親請算命先生來家給我推

算。後來母親告訴我，那個算命先生說我本不是凡塵中的人物，活不過十五歲，但是如果在十五歲前到寺廟、道觀出家做和尚或者道人，或許還有轉機。實在不願意出家，去找個高僧高道做師父也行。聽母親這麼說，看著她悲傷的模樣，我心裡也十分恐懼悲感。

有一天，記得是個下午，趁大人們午休的時候，我便悄悄溜了出去，一個人去了崇善寺。為什麼會去崇善寺？我也不知道。可能是離家近，順腿就到了，也可能冥冥之中和這裡的因緣成熟了。

崇善寺在狄梁公街，據我看到的資料，它初建於唐代，原來叫白馬寺，和洛陽的白馬寺同名。後來改名為延壽寺、宗善寺，明代才改成崇善寺。這個寺原來不大，有人說它原本是隋煬帝巡幸太原時的行宮，還有人說它是武則天少時出家的舊址，雖然現在已經沒有史料佐證，但是故老相傳如此，聊備一說罷了。如今你們去的話，可以看到山門右額刻有「宗唐遺址」四字，很可能就是源於這些舊說。

原來的崇善寺格局很大，現在只有一點點，小小的一個院落。在明朝初年，洪武十四年（1381 年），晉王朱棡（朱元璋第三子）上書明太祖洪武皇帝，請求建寺紀念其母孝慈高皇后馬氏。據寺內木匾上的文字記載：洪武十六年（1383 年）四月，明太祖批准建寺，朱棡選擇了在唐代白馬寺舊址上擴建，至洪武二十四年（1391 年）竣工，占地二百四十五畝，非常宏偉，定名為崇善禪寺。

據寺內保存的《崇善寺建築全圖》記載，崇善寺是宮殿式建築，是按照當時相當高的規格修建的。中軸線上有金剛殿、天王殿、大雄殿、毗盧殿、大悲殿、金靈殿，由南往北

一字排開。在各大殿的左右兩廂，又整齊地排列著一系列小院落。它們不僅對稱，而且整齊劃一。寺內大雄寶殿居中，面寬九間，高達三十餘米。殿堂樓閣、亭台廊廡近千間。

這種格局，與北京故宮中軸線上的主殿和東西六宮的佈局極為相似，富麗堂皇，極其壯觀。之所以有這樣大的規模和規制，是因為它不僅是一座寺院，還是晉王自家用的祖廟。中軸線上最後一座大殿叫金靈殿，就是一座沒有帝座的祖廟。這在中國佛教寺院中是罕見的。崇善寺既是佛教寺廟，又是皇家祖廟，所以自明至清，降至民國，香火一直比一般寺廟旺得多。

可惜的是，清同治三年（1864 年），崇善寺大火，前殿、正殿等主要建築均被焚燬，六大主殿只留下了一座大悲殿及一些附屬建築。清光緒七年（1881 年），張之洞做山西巡撫時，在崇善寺的廢墟上建造了文廟。所以現在的崇善寺只是原來的幾十分之一。

雖然只有大悲殿保留了下來，但它卻凝聚著崇善寺的精華，保存著舉世無雙的三類寶物。

第一類寶物是它的藏經。大悲殿保存的佛教藏經數量之多、版本之名貴，在全國都是罕見的。如北宋《崇寧萬壽藏》、南宋《磧砂藏》、元代《普寧藏》及明版《南藏》《北藏》。《崇寧萬壽藏》又稱《鼓山大藏》，前後用了三十三年時間刻成。原刻本共五百六十四函，五千八百餘卷，存十七卷零十八頁。《磧砂藏》是南宋紹定四年（1231年）開刻，到元英宗至治二年（1322 年）完工，歷經近百年，共五百九十一函，六千三百六十二卷，存五百六十二函，四千八百四十六卷。除此之外，這裡還保存著元版藏

經，即元皇慶元年（1312 年），由民間募資刻印的《普寧藏》，存有五百零五函，四千二百五十七卷。明版《南藏》原藏在太原十方院，《北藏》原藏在大同某寺，後來都移存在崇善寺了。

崇善寺的第二類寶物，是供奉在大悲殿須彌座上的三尊貼金菩薩立像。這三尊菩薩都是明洪武年間塑的，正中是千手千眼觀音菩薩聖像，左為普賢菩薩聖像，右為千手千缽文殊菩薩聖像。三尊立像均高兩丈半有餘，身姿秀美，雍容華貴，面目慈善。

崇善寺的第三類寶物，是兩套壁畫的精摹本，一套是《釋迦世尊應化示跡圖》，一套是《善財童子五十三參圖》。這兩套摹本，雖經五百餘年，仍鮮豔如初。另外，基本保留著明代原貌的大悲殿、明代血書《華嚴經》（明代淨潔和尚用舌上血，花了十三年寫就）、明正德元年（1506年）鑄造的大鐵鐘（在大院東南拐角的大鐘樓上，此鐘重達九千九百九十九斤）、山門前洪武年間鑄造的一對鐵獅，等等，都是藝術珍品、人間至寶。

我之所以事無鉅細地說這些，是因為這些在我十二歲那年，那個忘記具體日期的午後，從我無意間走出家門、走進崇善寺開始，便進入了我的人生，對我的整個人生都有著巨大的影響。剛才說的這些都是舉世公認的珍寶，而在我心裡，崇善寺還有一件世間罕有的寶貝，這件珍寶在那個下午走進了我的生命。因為這件珍寶的出現，我才有了接近崇善寺其他珍寶的因緣，其他的珍寶才轉化為我精神世界的樑柱樓閣，共同構築了我魂靈依止的大廈。

那天，是一個再平常不過的日子，沒幾個香客，我漫無

目的地在寺內晃蕩。夏日午後的寺院內，紅牆碧瓦，花卉仍新，松柏之影橫斜滿地。舉頭而望，白雲橫空，金輪晃耀。俯首而思，淺吟幾句詩文，頗覺適意。

走到大悲殿的時候，闃無一人，案上有鮮花果供，供桌正中銅爐中的殘香還有微煙裊裊。殿後傳來一陣唱誦和木魚聲，若有若無，遠不如院內的蟬鳴響亮。

我仰視著須彌座上八米多高的三座聖像，對著中間千手千眼的觀音菩薩仔細地端詳。從頭上的寶冠、身上的瓔珞服飾到手裡的四十個法器、菩薩的眼神……我細細地看著，一開始還在心裡判斷著「這個裝飾漂亮」「那個裝飾還可以更好看」，把這些僅僅看作是藝術品，孩子氣地評判著。可是看著看著，莫名其妙地悲從中來，眼淚也肆意地流了出來，瀰漫滿臉，不可遏制。一開始還刻意控制，後來便索性號啕大哭起來。

不知道哭了多久，一隻溫暖的手輕輕撫在了我的頭上，我抹著眼淚，回頭看了一眼，迷濛的視線裡，一襲清癯的僧袍背門而立，因為是逆光，一開始沒看到他的臉，但確定是一個年老的和尚。他摸著我的頭說：「怎麼了，孩子？」

我抽噎著說不出話，一個勁地拿衣袖抹眼淚。他說：「別在這裡哭了，跟我來吧！」

我整理了一下衣服，跟著他走到了大悲殿的後面，一排幾間矮小的房子，他走到其中一間的門口，掀開竹簾說：「先進去等會兒，我去給你打水，洗把臉。」

我低頭走了進去，這是一個小單間，不足十平方米的樣子。裡面靠牆只有一張床，門口靠窗一張舊書桌，桌前一把椅子，椅子上的坐墊已經補了許多補丁。書桌上整齊地擺著

幾函書，筆筒裡插著幾支毛筆，筆筒右側有一個小硯台和一塊瘦骨伶仃的太湖石。再仔細看的話，書函下壓著一疊箋紙，旁邊還有一支洋派的鋼筆。那塊太湖石上面有幾個天然凹陷之處，沾染了許多墨痕，我思忖了一會兒，恍然大悟，那應該是被用來做筆山了。除此之外，別無長物，所以房間雖小但顯得很空曠、整潔。

我侷促地站在這個小小的還沒有我臥室大的房間中，卻像進入了一個清涼無邊的世界，周圍的牆壁近在眼前，卻又遙不可及，似乎矗立在我永不可能觸碰到的地方。簾外的暑熱似乎也已隔世，原本讓人心生懊惱的蟬鳴，也竟然悅耳如同平劇中的名角兒所謳。

在快要觀察完室內簡陋的陳設時，老和尚端著一盆清水，用背推開簾子走了進來，說：「來，洗把臉。」

說完把水盆靠著牆放在了地上。這是一個紅釉的瓦盆，我撩起長衫蹲了下去，伸手抓起搭在盆沿的毛巾，盆底的水中，有眼睛紅腫的我，還有一位在我身後安靜地站著的僧人──我心目中崇善寺的珍寶。

等我擦完臉，他轉身坐在床邊，指指書桌前的椅子示意我坐。我撐開長衫的後擺淺淺地坐在椅子的邊上，將前擺抻開罩在腿上，抻得平平的，雙手放在腿上，抬頭的時候，他正看著我，滿面含笑，眼睛眯著。我有點不好意思，心裡想這應該是世外的修行人，我把世俗的禮帶進來了，怕是被嘲笑了。他突然笑了起來：「看你這舉止，應該是書香人家的孩子。敢問尊姓，府上哪裡？」

用的是官話，卻帶著明顯的山西北路口音。我如實回答了，他「哦」了一聲：「怪不得，安先生家。我們也很相

熟，老朋友咯。」

聽他說到「安先生」，我猜測著，他和我祖父或父親有交際，還是與我哪位叔父相熟？他安靜地撥動著手中的念珠，一雙明亮的眼睛若有所思地瞟了門外一眼，我也隨著他的眼神向簾外看了一眼，依然闃無一人，只有蟬聲如水。簾外樹蔭花影重重疊疊地砸在台階上，如一卷沒骨的冊頁。過了一會兒，他又突然問我：「今天為什麼事悲傷呢？」

我低頭想了一下，竟真的不知為什麼悲傷，尷尬地說：「回師父的話，我也不知道，就是看到大士的塑像時突然就忍不住流眼淚了……」

等話聊開了之後，就又說到了算命先生的事情，說到了祖父落寞的神情……我從來不曾向人說過這麼多話、這麼多事，尤其是一個初次相見的人。只是覺得說這些的時候，心裡越來越安靜，越來越清明，那些有名無名的煩惱似乎都得到了淨化，內心似乎也澄澈起來，喜悅從心底生出，自己也忍不住微笑起來。

他似乎饒有興致地觀察著我的變化，我十分不好意思。他說：「你也是一個有慧根的人，既然和敝寺有緣、與大士有緣，又撞上了我，以後我就做你師父吧，算命先生所言本不足憑信，但現在也算依照他的破解之法做了，回去好讓你家大人們安心。」

我不假思索地答應了，但馬上又遲疑了：這不是一件常遇到的事情，以我的經驗不知道怎麼應對，不知道該以什麼禮節應對。況且沒有稟告過父祖便私自允諾，也不太得體。正猶豫的時候，門外有個小師父隔著簾子向裡看了幾次，我想這應該是有事吧，便立刻站起來告辭。

　　老師父站起來說：「也罷，你先回去吧，回去後替我問你祖父、父親好。平時多讀些聖賢的書，修養性命，不要被江湖術士之言亂了方寸，蔽了靈明。對了，我是敝寺住持，法號力宏。嗯，你說『力宏』這兩個字，你父親可能不熟悉，你告訴他我俗家名字叫王建屏。」

　　我立定作了一揖，轉身往家走，出了寺，便是喧鬧的上馬街，熱浪撲面而來。轉身看看紅牆碧瓦，方才的清涼竟然有些不真實了。

　　晚飯時候與父親聊起這件事，父親聽罷放下筷子，驚訝地說：「原來是他！本來我還不太主張讓你拜個和尚師父，如果是他，反而是你的造化！」

　　晚飯後，父親很有興致地給我介紹了這位力宏和尚，加上後來我瞭解到的一些情況，這位僧人的履歷大概是這樣的。

　　力宏和尚，俗姓王，名建屏，字樹侯，山西忻州城西五十里車道坡人。世代務農，家境清寒。替人放牧幫傭，卻不改向學之志，田間山上，手不釋卷。七歲時，因為三天工夫便熟誦《三字經》，塾師免除學費許他旁聽。十六歲便做了鄰村的塾師，二十歲中秀才，二十三歲補廩。光緒二十三年（1897年）被推薦入太原令德堂。光緒二十六年（1900年），受義和團愛國運動影響，憤懣於清政府的無能，返鄉組織武裝「社團」，宣講國家變革之理，聯絡志士，習武操練謀舉事，後來事洩入獄。獄中兩年，經學憲和鄉里名流營救，被保釋出獄。光緒三十一年（1905年），在山西農林學堂就讀，同學趙戴文從日本歸國，經趙聯絡介紹，加入了同盟會。光緒三十四年（1908年），受同盟會山西支部委

派，到包頭、薩拉齊一帶從事祕密活動。

他舊學淵厚，人緣極好，當地有學識之士多佩服他的才略，為他的活動提供了很多幫助，經他發展的同盟會會員，後來都成了包薩一帶辛亥革命的骨幹。太原辛亥起義前，他受同盟會山西支部急召，從歸化返太

力宏和尚

原，與同志一起商定了忻、代、寧軍民起義計劃，南援太原，北助包薩，並將起義計劃告訴了閻錫山、趙戴文。軍政府委任張瑜為北路軍司令，王建屏為晉北安撫使，隨北路軍北上，先後攻克代州、營州，節節勝利，直逼大同。進入民國後，他先後為民軍輜重營長、陸軍車廠廠長。後來閻錫山投靠袁世凱，背叛了孫中山，竭力排擠和殺害革命黨人，排除異己。

時任命民政次長的王建屏，因同閻錫山政見不合，屢被降職，逐漸被排擠出局。民國四年（1915年）秋，皈依終南山悟真寺妙舫法師，法號力宏。

從民國四年（1915年）到民國十年（1921年），除了佛事活動外，他一直主筆《晉陽日報》，推崇民意，宣傳革命，鼓動山西民主革命運動。同時任私立中和中學教員，兼任山西省立國民師範學校（以下簡稱「國民師範」）國文講師。後來，經歷了袁世凱的洪憲帝制、張勳的復辟。政治變化無常，輿論壓力極大，而他作為《晉陽日報》主筆，立言

審慎，不以曲說阿世，十分難得。民國十二年（1923
年），力宏和尚應平津佛學界邀請赴北平，閻錫山怕他到天
津後不受約束，便委任他為陽曲縣知縣，被他婉言拒絕。

　　民國十六年（1927年）三月，他在海子邊建佛殿，又
募資鑄萬斤銅佛像，供瞻仰參拜。民國十七年（1928年）
五月，赴北平任京西萬壽寺方丈，募資數千元，清理寺院積
債，修繕寺院。翌年，任北平佛學會副會長，主持出版《佛
學月刊》。民國二十年（1931年），他重返山西，任山西
省佛教會會長，值市政當局將崇善寺改為關押小偷、煙鬼的
「自新講習所」，經他多方奔走，帶領佛徒請願，方將寺院
爭回，使崇善寺古剎得以保存。

　　我遇到他的那年，他正任太原市佛教會會長，主持崇善
寺事務，努力保護和恢復這一寺廟。

　　隔了幾天，父親和祖父說了這件事，祖父讓父親備上禮
物帶著我專門去了一趟崇善寺，見著力宏和尚，我當下磕頭
見過禮，算是認了師父。後來又受了戒，算是正式皈依了，
法號叫常悟，老和尚希望我悟到「常」，悟到「無常」，常
常有省。可是我卻常不悟，辜負了此名，辜負了老和尚。

　　有一段時期讓我寫材料交代封建愚昧思想，我專門寫了
一節叫作「認和尚當師父」，但其實我一點也不後悔，甚至
很感恩能遇到他老人家。

　　他本是傳統書院裡的高才，又在日本留過學，見識過東
洋明治維新的成就，思想開化，還是個硬骨頭的革命家。經
歷過大事，見過大世面，勘破功名與世間浮華之後才出的
家，眼界、境界、見地自然和一般的僧人不同，從裡到外都
不同，腳跟也站得牢固。他對我的影響可以說是終生的，因

為他，我樹立了佛教的信仰，改變了輕視傳統學問的想法。同時，他也讓我知道佛教不是迷信，中國的文化也不盡是封建、愚昧和落後的。

因為大悲殿裡相遇的因緣，力宏老和尚對我很是器重，甚至說覺得我這個孩子挺有意思的，很願意栽培我。人生的善緣和相識就是這樣，彼此都能夠感受到對方的特別，並且還能欣賞、接受這種特別。

自從認了師父，我就隔三岔五地往崇善寺跑，家裡也不甚拘束我了。只要力宏和尚在，我便問東問西。這期間他教我打坐、誦經、唸佛，唸佛我專念觀世音菩薩聖號。此外，他還打開那一排排樟木的藏經櫃，讓我閱藏。因為他老人家的原因，崇善寺的三類秘寶都成了我參學的「教具」。因此，崇善寺的寶藏次第向我展開，佛法的寶藏也次第顯現。所以，從這個意義上說，力宏和尚是我最大的秘寶，是為我打開龍宮的密鑰。

這段時間是我融合詩文儒書、百家雜著的一個重要階段，由於對佛法的探究，對儒家、道家、西學的認識也有了很大的提升，對傳統的感悟似乎也更深了。議論到某些道理，一向嚴苛的祖父也會掀髯一樂，誇一句：「知見不錯。」除了學問上有些長進外，我修行的功夫也有很大的進步。尤其是靜坐的功夫讓力宏和尚很是驚訝，說：「你天生就是個老修行。」

有時候興致來了，力宏和尚還和我比坐，看誰坐得住、坐得久。當時贏了師父很得意，現在想想，這不過是他老人家慈悲，教學的善巧罷了。

除了漢傳淨宗和禪宗的修習，力宏和尚還傳了我一些密

宗的修持法門。比如持咒，讓我心念、耳聽，做到身結印、口誦真言、意觀本尊，即身密、口密、意密，此是三密相應中的「有相三密」。此外還有無相三密，更加玄妙，使人嚮往。在修行方法上，他告訴我先修氣脈，通中脈，然後再把身體空掉。分徹卻、妥噶、阿底約噶三個次第，到最後空有不二。妥噶，也有作「托噶」「脫噶」的，都是音譯，不影響實義。在大圓滿法裡，徹卻、妥噶，指的是利斷和頓超，我這裡學習的不同，略近顯宗的止觀。

在持咒方面，特殊的是主張金剛持，隨著呼吸持咒，唸咒的同時修拙火定，即修丹田。持咒時隨著呼吸把念頭拴在自鼻到臍輪這一條線上，綿綿密密地持，在這個基礎上可以修拙火定，這是密宗六種成就法之基本修法，也是修氣脈最主要之瑜伽。

說來也奇怪，自從皈依之後，我的身體和精神竟然一日一日地好起來了，再加上對佛法和功法的不斷修習，身體越來越健旺。是應了算命先生的說法還是別的緣由，不是我所能知道的，只覺得人生因緣不可思議。

既然說到了力宏和尚對崇善寺的復興，不妨多說幾句。他對省內古寺廟，如五台山廣濟茅蓬、北山寺、高平金峰寺、南大寺、趙城興唐寺、晉城青蓮寺、廣靈小方壺等，都曾募資修葺過，做了不少保護和恢復的工作。他本人是禪宗的法脈，在北京接的法，具體哪個老和尚我記不清了，然後他本人也修淨土宗。

民國九年（1920 年）秋，日本人常盤大定在中國考察中國佛教，說起日本淨土宗的祖庭，力宏老和尚便帶著他在交城考察、考證並找到了玄中寺。當時玄中寺已經是一片廢

墟，附近的鄉民只知道叫石壁寺，並不知道原來具體是幹什麼的，誰在那裡住持過。力宏老和尚早年便留心過這個破敗的寺廟，所以常盤大定和力宏和尚找到那兒後，根據殘破的碑文確定那裡就是常盤大定要尋覓的淨土祖庭，曇鸞、道綽、善導等大師都在那裡弘揚過淨土宗。從此開創了日本佛子朝禮淨土祖庭玄中寺之先河。玄中寺的確認和後來的興復，實在是功德無量。

由於這件事情，力宏和尚在日本佛教界也很出名。比如日軍侵占太原後，把海子邊市佛教會改為「東本願寺」，住入了很多日本僧眾，日寇將殿內萬斤銅佛砸碎製造武器。為維護國家和中國佛教的尊嚴，力宏和尚在舉辦紀念曇鸞法會後，在崇善寺主持活動，向日本軍方抗議，得到中國和日本僧眾的支援。日寇迫於情勢，只得賠款重塑了佛像。事關國體，閭巷為之振奮。

甚至近年修復的蒙山大佛，據說也是力宏和尚的孫子根據他的筆記找到的。包括他的師弟力空和尚主持洪洞廣勝寺時力保趙城金藏的偉績，背後也是力宏老和尚出的主意。這套金藏最後讓八路軍護送到延安，才得以保全。

所以，力宏老和尚對山西佛教的貢獻是特別大的。很多事情都記錄在他的日記和與人來往的信件裡，有興趣的話你們可以查證，此處不再多說了。

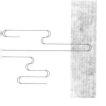

詳推用意終何在
——太原府的太極拳

武學啟蒙：霍寶珊先生

十二歲那年，父親給我找了一位武師，想讓我練練武，把身體鍛鍊好。現在回想起來，我人生中好多重要的事情都發生在十二歲那年，而我的人生也確實在那年發生了許多轉變。

父親當時為我找的這個師父叫霍寶珊，字玉清，河南懷慶府人氏，精通十路少林拳，家傳的一、二、三路，源出少林寺。認識霍先生後，武學的殿堂從此便為我開了一扇門，窮盡我此生都鑽仰不盡。

我對霍先生的印象很深，五六十歲的樣子，個子不高，一身半舊的長衫，寬厚的肩膀，半禿的頭，額頭很寬，腦門飽滿，長長的眉毛搭在眼皮上，眼睛像黑寶石一樣閃著光。鬍子不多，但修剪得很整齊，顯得精幹硬朗。霍先生人特別好，說話不緊不慢，非常平和安靜，也特別喜歡孩子。

我和霍先生學習的那幾年，從沒聽他大聲說過話，從不疾言厲色。當時霍先生是教家館，家裡專門雇了洋車接送先生，把先生從他的寓所直接拉到橋頭街我的家裡。每個月給霍先生的課資是固定的，據說是二十塊大洋，抗戰的時候閻

錫山拿一塊大洋到縣城裡面都找不開，一塊大洋就算是大錢了。

霍先生很準時，從來都是早晨一大早就到我家了。我自小愛睡懶覺，很多時候霍先生來了我還在賴床，霍先生就把手伸進我被子裡頭，把我鬧醒。冬天的時候，還會故意把手弄得冰涼，伸進我被窩把我抓醒。一邊抓我，一邊用官話說：「還睡覺哩？快起來練功！」帶著濃重的河南口音。這個情景，我到九十多歲了還時常想起，一個老人每天親自上門教我這個不成器的孩子，實在是慚愧。

把我弄醒後，他就脫掉長衫，搭在窗前的衣架上。脫掉長衫之後，他裡面穿件長袖的單布衫，老藍長褲，細布白襪，牛皮靿鞋，裹腳束腿，腰裡纏著他成名和防身的兵器。他還擅長繩錘，就是常說的流星鏈子錘，尋丈之內能夠擊碎磚石，用力之巧、準、狠，我平生罕見。

比如給我示範的時候，或在院中立一塊磚頭，或者放個酒罈子，他一手抽著煙袋，一手持鏢，啪地抖出去，磚或罈子應聲而碎，不煩二擊。另外，在他腰帶上別著一個長柄的煙袋。每次我都好奇，長衫下竟然還能藏這些東西。等我起床洗漱的時候，他便從腰裡拿出煙袋，坐在炕頭的椅子上，吧嗒吧嗒地抽旱煙，下巴上那撮鬍子跟著一撅一撅的，很有意思。他每次都坐得端端正正的，一隻手拿著煙袋，一隻手放在腿上，不倚不靠。

他一生尊禮守度，再熱的天也沒見他露過胳膊膀子，手腕都很少露出來過。他這樣的舉止儀態深深地影響了我，直到現在這個年紀，垂垂老矣，我也沒怎麼穿過短袖。即便是三伏天練功，我也會著長褲長袖。跟朋友晚輩見面，我也是

端坐應對。實在坐不住，寧願謝客休息，也絕不倚斜對人，可以說這些都是霍先生的身教。

等我洗漱好了，他便熄了煙，把煙斗往炕桌上一擱，起身到院子裡去，等著我一起練，從來不會只坐在那裡看我練。

霍先生是個了不起的人，教人肯下力氣和心思，從不保留。我學習的時候，他首先教的就是他家傳的十路少林拳。個把小時教完我一些動作，在我家吃個早飯，車伕就把他送到山西國術促進會去了，當時他在那裡做少林門的教習。

這套少林拳讓我獲益匪淺，身體素質很快就改善了。直到 20 世紀七八十年代以後，透過和武術界朋友的接觸，包括看電視或一些專門的武術書報雜誌，發現很多人練的和雜誌上刊登的少林拳，都和霍先生教的不一樣。後來我也親自去過少林寺，看見僧人們練的和霍先生的也不一樣。霍先生這套拳更簡古樸實，也更凌厲實用一些。

20 世紀 80 年代以後，布學寬先生的兒子布華軒在太原成立了晉陽形意拳社，當時因為年輕人嫌形意拳動作太單調，五行拳來回就那麼幾下，不喜歡練。布華軒就請我過去教少林拳，我教的就是霍先生的十路少林拳，裡面有很多實用的手法，不知道當時教的那些學生還練不練了。

我的身體從那會兒就慢慢好起來了，父親很高興，霍先生也很高興。等十路少林拳學完，有點基礎後，霍先生就開始教我王新午的太極拳和岳氏八翻手。我很喜歡八翻手，因此在八翻手上下的工夫是最深的，思考鑽研也是最多的。

八翻手主要是捉拿捆打，十字找勁，找人的十字交叉，比如第二路的撲面掌接齊眉捶，就是一個明顯的例子。八翻

手關鍵是一個捋手，有了捋手以後，其他動作都好用，捋手
是最關鍵的，頭一下必須逮到對方的手和肘。對方不出手便
引他出手，一旦對方出手，便要吃住他。不要抓倒或者抓下
來，必須順著對方的勁，吃住對方，同時兩手回護，捋前手
防後手，裡圈外圈都好使，不要生拉硬拽。一手變兩手，兩
手變三手，三手變四手，次第跟進，四個動作一組，其實就
是一個組合拳，是招法的組合。

　　另外，捋手不是直接捋，而是帶著螺旋勁走弧線，把對
方拱起來之後再往下捋。在捋手之前的護肩掌呢，兩個手交
叉之後畫圈，後手接對方前手的梢節，前手接對方的中節，
後手找對方的根節，整體跟進，速度很快。接前拳的時候防
後拳，走外門的時候馬上能變到裡門，在圈裡變化，在根節

郭萬龍（前排左一）、張春波（前排左二）、靳甲仙（前排左三）、
宋登（前排右三）、安慰（前排右一）、布華軒（後排左一）

中節梢節上變化，不是現在人們練的那種簡單的一抓。仙人掌舵，在這個基礎上畫弧，變捋手往下，一捋就進，拿、打、摔都可以。腿法也在裡面，暗腿、鉤腿、踢腿、掛腿、踩腿、踹腿，非常實用。

不過，八翻手傳到現在已經變了味，比如第一路的領手，練成顛捶就完全變了。並且現在有上八翻、中八翻、下八翻的說法，實在是費解，傳統上沒這些。最早的就是上八翻，中八翻和下八翻是後來人編的，很多地方並不精彩，也沒必要。

總之，八翻手很實用，是長功夫練氣力最快的拳術。練頭一趟的時候多馬步，那會兒練功通常穿靸鞋，靸鞋前面釘有牛皮，因為我用功多，練得院子裡頭磚地上留下一道壕。因為天天練八翻手，身體一天比一天強壯，也更結實了，霍先生就教了我一些輔助的硬功功法。

我雖然是個文人，但到了九十多歲還有胸肌、腹肌、肱二頭肌呢，這都得益於當時的一些硬功。所以我教學生，通常主張他們也練點兒硬的。

霍先生教的功法很多，我常練的是千斤把：擰筷子和捲磚頭。擰筷子就是把幾十支筷子綁成一捆，然後擰，正反擰轉。捲磚頭就是拿上木棍，木棍上繫麻繩，麻繩上吊幾塊磚，雙手抓住木棍正著捲起來，倒著放下去，再捲起來，再放下去。不要小看這些小功法，對於練臂力、擰裹力、抓力等很有效果，至少鍛鍊筋骨，運行氣血，有益身心。

隨著身體一天比一天強壯，我的性格也明顯開朗了。霍先生說八翻手實戰性能非常優越，於是我的膽氣也健旺起來，不像以前那樣文弱畏懼了。

在和霍先生學習的這三四年中，我對他很依賴也很崇拜，他客居異鄉，子弟家人都不在身邊，因此也格外疼愛我，喜歡與我接近，把我當作子侄一樣。

20世紀40年代的一天，他收到一封信，說他兒子在東北抗聯抗日，他二話不說，收拾行李就去了東北，臨走我倆也沒見到面。再後來聽說他兒子被日寇殺害，霍先生以垂暮之年入伍與日寇周旋。那時我時常收到他的信件，但是卻沒有回覆地址，可見是居無定所的。

1951年，霍先生在東北去世。霍先生一生飄零，晚景淒涼，最終魂寄異鄉，無人紀念，讓人嘆息不盡。

王新午

和霍先生熟悉之後，有一次在他抽菸的時候，我趁機問了一個我覺得好奇的問題：「您是河南人，為什麼來太原呢？在河南不可以教拳生活嗎？」

霍先生抬起腳，在腳底敲敲煙斗，給我講了一些他的經歷和謀生的艱辛。透過他的介紹，我對當時太原、山西乃至全國武林界的情況有了一個大概的瞭解，如同一個隱藏的世界向我敞開了大門。

據霍先生介紹，晚清民國的太原是當時的「拳窩」，各門各派的武術名家都薈萃於太原，成立了各種武術機構。比如有20世紀20年代成立的精武社、太原國術操練場，30年代閻錫山政府主導成立的山西國術促進會、河邊國術館，等等。另外，閻錫山衛隊還成立了技術組，專門研究各派拳術的實戰技術。國民師範的張蔭梧也延請了許多著名的武術

高手教拳。這些組織，尤其是山西國術促進會的成立，對山西乃至全國的武術界都影響甚大。

武術高手彙集切磋、各門派碰撞交流、不同拳術吸收融合的奇觀，造就了許多武術新秀，也成就了諸多武林前輩的傳奇，成為當時武林的一片樂土。一時間，南北高手名家無不嚮往，霍先生本人便是被這樣的風氣吸引來的。

比如民國元年（1912 年）成立的精武社，由閻錫山督軍府中將副長官李德懋兼任社長，該社招收了具有小學教育程度的青年兩百餘人，並聘請全國武術名手、軍事院校的教習出任教官教導這些青年。後來，他們一部分被培養成了閻錫山的警衛人才，一部分被分配到部隊擔任武術教官，培養了更多的戰士。

民國九年（1920 年），山西部隊大整編，精武社被改為「技術隊」，仍由李德懋兼任隊長，專門為軍隊研究和創編實戰型的武術技巧。山西國術促進會在民國二十一年（1932 年）成立，舊址在上官巷，當時的山西農桑局院內。現在路過也沒留意，似乎當時的院落和遺址都沒了。

山西國術促進會的副會長是王新午（1901—1964）。王新午是山西汾陽人，幼年除攻讀詩書外，便跟隨他的伯父學中醫。王新午當時是閻錫山的軍官，由於精通中醫，也給閻錫山看病，據說和閻關係很好。

當時國術促進會有個要求，凡是在太原市教拳、教武術的，必須參加這個促進會，等於是個官方的組織吧，強制性加入，並且還要給王新午遞帖子。如果你不加入、不遞帖子，就不允許你教場子，不允許你練拳。所以當時太原市所有想要教拳的人，都給王新午遞了帖子。本省著名的拳師如

太極拳名家王新午畫像（閻子龍繪）

申子榮、劉玉明、溥應麟、梁春華、王錦泉、張安泰等，都遞了帖子，執弟子禮。

促進會下頭設的是少林、太極、形意、八卦和長拳五個門，然後聘請各家高手作為各科的老師進行教學。當時教拳的地方在杏花嶺，有專門的演武場和訓練設施，彙集了各派練功的器械和訓練方法，非常齊全先進。這種強制性的武術運動，或許是像宣傳的那樣，要融合天下武林，合為一家；也或許是閻錫山政府籠絡武林異能之士為他所用的手段，但不管是公心還是私心，這場「運動」確實把各派武術和名家攏在了一起，研發出來許多拳術套路和實戰性能超強的軍體武術。

比如 20 世紀 20 年代，「技術隊」隊長李德懋在許多武師的協助下完善了八法拳、八法槍、八法刀等，經格鬥檢驗之後，立刻在教學推廣中進行試驗和改進，一旦成形，便會向衛隊和軍隊推廣，所以當時閻錫山的衛隊應該是實戰能力超強的。像原先在閻錫山衛隊服役的許有德老英雄，將近百歲之人，依然矍鑠康健，拳術上也融會群豪，自成一家，與專深於一門一家的武林同道不同。

同時，透過這場「運動」，當時的民間教拳也規範化了，不再允許民間私自教拳，而是統一地把大家組織在一塊兒，整合武術精粹，也是個好事情。這場「運動」，將武術的精髓一下子在全體軍民中推廣開來，使許多青年人都可以學到一派長技，讓武術在山西的群眾基礎變得更好，並影響至今。在實戰總結的同時，促進會還創辦了《國術體育旬刊》，進行理論總結和宣傳，兩者相輔相成，影響很大。

王新午主要練八翻手和太極拳，所以著力推廣這兩個拳

種，而又以太極拳的傳人最多，影響也大。他的八翻手是和紀子修學的。紀子修是滿洲正白旗人，滿姓吳札拉氏，生於道光二十五年（1845 年），逝於民國十一年（1922 年）。

紀子修個性直爽，自小痴迷武技，年少時，曾學習彈腿和花拳，身手矯捷勝過常人。同治四年（1865 年），紀子修年值弱冠，入清廷護軍營當衛士。當時雄縣名家劉仕俊設教北京，兼在護駕軍神機營擔任教官，紀子修便向劉仕俊學了岳氏八翻手。同治六年（1867 年），紀子修又從楊露禪學習太極十三式，勤練不輟，遂將太極拳之綿柔與岳氏散手之剛整融為一體，剛柔並濟，「習之九年，技乃大成」。除了拳之外，紀子修更深得大槍術之堂奧，拳技散手無一不能，終成為一代名家。

「八翻手」前面之所以冠上「岳氏」二字，據說是因為此拳為宋代民族英雄岳飛岳武穆所傳。岳氏八翻手，當時也叫岳氏散手、岳氏連拳，也有叫鷹爪連拳的，但是容易和鷹爪翻子拳弄混，所以後來用這個稱呼的人比較少，我也不主張用這個名字。八翻手原來沒有很系統的套路，紀子修進行了整理，總共八趟，一趟叫一翻，每趟或者每翻八手，共八八六十四手。後來大槍劉德寬創編了八卦的八八六十四掌，就有人把岳氏八翻手的六十四手叫作「陽八手」，八卦六十四掌叫作「陰八手」。

王新午向紀子修先生學的就是系統的岳氏八翻手和太極拳。同時，在太極拳方面，王新午還向吳鑑泉先生學過，也和楊健侯先生的高足許禹生學過。具體地說是學式於吳鑑泉，講勁於許禹生。對了，還向宋書銘學過。

宋書銘是袁世凱的幕賓，自稱張三丰的高足宋遠橋的十

七世孫，擅長宋遠橋所傳之太極拳，拳無專名，號為「三世七」，因共三十七式而得名，又名長拳。三世七拳式與楊式太極的十三式大同小異，然頗偏重單式練習。推手法與楊式亦略相同，然而楊露禪所傳推手法，重心多在前足，而宋書銘所傳之推手法，重心多在後足，微有不同。

王新午的太極拳裡面有吳式、楊式、宋家的，等於集各家之長，動作招勁細膩，快慢相兼，開合鼓盪，風格獨特。尤其是繼承了紀子修將太極拳與岳氏八翻手結合的方法，更進一步將所學各家太極拳與岳氏八翻手的拆手應用巧妙結合，並納入岳氏八翻手上、中、下三路散手中進行應用。由於在應用上結合了八翻手，所以出現了一些比較特殊的手法，豐富了太極散手招勁之妙用。勢招多於用法，拆手單練左右互易，進而用勁連勁於套路動作練習中。

太極拳、岳氏八翻散手合一，真正顯示了王新午太極拳鮮明的實用特點。尤其是導氣引勁，開合鼓盪，在拳勢練功和應用中，鬆柔而不失剛疾，內動外連，綿密不斷，身心合一，獨具特色，深得太極拳技擊健身之奧秘，後來稱為王新午太極拳。另外，在理論方面，王新午早在民國二十八年（1939 年）就著有《太極拳闡宗》一書，新中國成立後又寫成《太極拳法實踐》一書，對太極拳的理論和實戰都有著重要的總結和論述。

以上這些就是當時的背景。霍寶珊先生雖然說是被動地向王新午遞了帖子，被動地跟王新午學了岳氏八翻手和太極拳，但是他打心眼兒裡認可和佩服王新午，不止一次和我說王新午是一個武學奇才。所以在我學完他家傳的十路少林拳之後，他便把王新午太極拳和岳氏八翻手也轉授給我，與親

學於王先生無異。

當時我學這些的時候，王新午正當盛年，是他武學和技擊的一個高峰期，我十分興奮。霍先生教得嚴格，我學得也認真。有幾次跟隨霍先生去山西國術促進會，霍先生還命我演練。若王新午先生在場的話，就會安靜地看著，等我練完，一邊抬手推推鼻梁上的圓框眼鏡，一邊對旁邊的學員說：「比你們肯下工夫。」

我晚年的時候也拜讀過一些關於岳氏八翻手的著作，雖然高見很多，但與我早年所學已經頗不相同。岳氏八翻手講究莊重整肅，身法中正，勁路才能整。現在看到的許多身法不很中正，可能是為了追求身法的變化，故意往前趴著身子、撅著屁股，有點太刻意、太誇張。身法雖然要上下起伏，但是不能太刻意地追求起伏而失去中正，更不能輕浮花哨，仍然要用力均勻、沉穩，整整齊齊，不要忽快忽慢。

20 世紀 80 年代，對武術進行挖掘整理時，我還專門整理過王新午太極拳，後來提供給了董榮生，由董榮生進一步整理出來進行傳播。

當時山西國術促進會有幾個科，叫門。其中一門是少林門，以傳授長拳為主，總共有三四個教員，霍寶珊先生是當時的教員之一。當時少林門的主任是董秀升，董秀升以形意拳為主，但因為他練的是南少林五行柔術，便被聘任在少林門了。

因為霍先生的緣故，我也常去山西國術促進會，並多次見到王新午先生本人。當時我還小，沒什麼閱歷，識人的眼力也不很夠，對王新午先生直觀的印象是：有功夫，很自信，有些霸道，但這種自信和霸道又讓我覺得很好、很崇

拜。一直到 20 世紀 60 年代，我的太極拳練的都是王新午的。王新午本人又會中醫，對拳術的研究很透徹，經絡上的研究也很深。他的推手相當了得，一發人一丈多遠，不是現在表演的功夫。

霍先生給我講過一件事情，說有一年有個老道從大同那邊來，也是練拳的，梳著高高的髮髻，非常有神采，要和王新午推手。王先生同意了，大家就到了院子裡。過去房子飛簷上有椽子伸出，王先生把老道一發，髮髻便掛到椽子上去了。可見他本身確實有大功夫，不是欺世盜名的人。

王新午還有一個貢獻，就是在當時的條件下，透過對文獻的整理和實地的勘察，證明了張三丰是太極拳的祖師。因為略微接觸過太極拳的人都知道，太極是動靜之機、陰陽之母，概括了中國的哲學、醫學，乃至儒釋道三家之全部精華，理論上是至高無上的，也是無懈可擊的。而太極拳的祖師是誰呢？民國時期的武術界，包括我的師友在內，都一致認為是張三丰，這是很少有異議的，不像現在誰都可以杜撰出一個源流和「祖師」。但從文獻和實地上，還沒有人系統整理過，在學理上還是有些缺憾。

王新午先生在太原的時候，專門到太原西山南峪考證過。後來，王先生透過師友口說，再加上對古籍、地方誌等文獻的考證，在晉祠南峪村找到了張三丰的墓。他在訪問村子的時候，村裡的人都指認說是張三丰的墓，還把張三丰叫作「邋遢師父」。村裡人說，十幾年前張三丰的肉身還在呢，就在幾年前，村裡頭有個傻子把張三丰的肉身敲碎了。王先生到的時候，村裡土崖下磚券的墓穴還在，虛封著，打開後鑽進洞裡面看，只見骨頭散落了一地。現在我們再去，

就只剩下一個空墓穴和一尊明末塑的張三丰的塑像。

從道教的角度說，地仙以上的神仙，可以到處顯現，生生世世遊戲人間。別的文獻上說張三丰死了，可是《太原縣誌》明確記載，明朝嘉靖年間張三丰在太原，說張三丰先生是遼東懿州人，在太原南峪村住，到處給人看病，有很多神奇的傳說和故事。比如在這個村子遇見張三丰先生了，到相隔很遠的另一個村也能遇到，周圍的人都以為是神蹟。多年後有一天，人們好久不見他出門，上去看的時候，他坐在那兒已經沒有呼吸了。人們就券了個窯把他封在裡面。若干年以後，一個太原人到陝西做買賣又碰見了他，還是那個樣子。道教講這是地仙在人間遊戲，我們常人是不能理解的。

除了地方誌、窯洞、墓穴等方面，王新午先生還研究文獻對張三丰進行考證，他認定張三丰就是太極拳祖師。他在著作《太極拳法實踐》的序言裡說，「清人文獻記載：元季明初，有武當道士張三丰，精於少林，復從而翻之，能以靜制動，名曰內家，相傳即今之太極拳，世遂以武當派稱之」，又說，「前述之太極拳，傳自元季明初之張三丰，言武者多知之」。

當時霍先生和我接觸的前輩、山西國術促進會的學員都很佩服王新午先生，我自然也對他很是尊敬。不過後來霍先生離開太原遠赴東北後，我開始和辛元先生學習形意拳。在和辛元先生學習的那段時間裡，我從另外一個角度認識了王新午先生。在山西國術促進會成立的時候，全太原市的拳師都給王新午先生遞了帖子，太原城裡邊唯獨辛先生一個人不低頭，不遞帖子，王新午也無可奈何。這段故事等我說到和辛先生學習形意拳的時候可以簡單聊一聊。

劉東漢和張欽霖的太極拳

太原原來沒有練太極拳的，民國時期才傳進來。最早把太極拳帶來的，除了山西國術促進會的王新午先生，還有劉東漢先生。兩人誰先把太極拳帶來太原的，這個現在不好說，我沒有更精確的資料。

太原國術促進會在 20 世紀 20 年代就有了，而劉東漢先生第二次來太原是民國二十三年（1934 年），四月十五日路過榆次的時候，門弟子歡迎並留影紀念，這張照片至今仍存，照片題字為：「民國二十三年四月十五日，太極拳術專家劉老夫子東漢經榆，眾門弟子歡迎留影紀念。」據此推論，劉先生第一次來太原應該是更早的時候。根據張欽霖的傳記，張是在民國十四年（1925 年）來太原的。張氏來太原是因為劉東漢先生的緣故，那麼劉先生第一次來太原的時間，至少是張氏來的同一年的前幾個月，或者前一兩年，估計與太原國術促進會成立的時間差不多。在太原國術促進會中，王新午和劉東漢兩位先生應當是有交集的。

劉東漢先生，名秋得，字景西，號老景，河北邢台任縣大北東村人，劉瀛洲之子。十四歲隨父親在保定的鏢局習武，後在其父劉瀛洲的推薦下拜楊露禪的嫡長孫楊兆林為師，學習楊式太極拳，又得武式太極名家郝為真指點，頗得真傳。同時，鏢行還有其要好的師弟，如張紫綬、張欽霖等。後因鏢局歇業，劉東漢輾轉來了太原，張紫綬回了北京老家，張欽霖回了邢台。因為劉先生的緣故，張欽霖後來也來到太原經商，並收徒傳藝，培養了不少人才。

劉東漢剛來到太原時，住在校尉營，以行醫維持生活，

太極拳名家劉東漢畫像（閻子龍繪）

主要是針灸接骨，其間還傳授太極拳和三皇炮捶，比較有名的徒弟有河北邢台人曹珂、山西榆次人曹中山、稷山人葛書元、陽曲人劉毅，還有說書的狄來珍。

因為當時山西很少有人練太極拳和炮捶，山西國術促進會王先生他們傳太極拳主要集中在軍隊和一些特定的人群，而劉東漢來太原以後，社會上的人才開始有了太極拳的傳授。加上劉東漢是楊兆林的徒弟，是楊氏的嫡傳，一下子就受到了追捧。

劉先生確實對山西太極拳影響很大，以致於後來多少年太原練太極拳者都堅持一個習慣：練太極拳就必須練炮捶。後來他的師兄弟張欽霖到太原後，徒弟門人又多了許多，劉先生的影響力和勢力大漲，更是如虎添翼。不知道是確實有點得意，還是別人放出來的流言，說劉東漢放出話：「我跺一跺腳，就把你們太原的地抖一抖。」

這把許多太原的拳師都得罪了，但他們要嘛是生悶氣，要嘛就只是逗逗嘴皮子罷了，沒人敢找劉東漢動手。辛元先生聽著就上火，說這是明目張膽欺負本地人。辛先生是老同盟會員，又是山西響應孫中山辛亥革命的元老，參加過大同、太原等地的反清起義，生死場裡摸爬滾打過的人，好鬥，講義氣，誰也不服，身上全是刀疤，他打過不少當時的名家。在當時，我還沒有跟辛先生學形意拳，這些是拜在辛先生門下後師兄弟們給我講的。辛先生聽到劉東漢那麼講，就和徒弟們說：「打他去！」

他的那些徒弟都年輕氣盛，也跟著起鬨。

辛先生派我的大師兄張鴻亮帶著人去了劉東漢先生的家裡。在劉先生家的院子裡便開始高聲喊叫：「誰是劉東漢，

給老子滾出來！」

劉先生當時正在自己家裡吸料子，就是大煙，不知道有沒有聽到外面的喊叫，反正沒動靜。張鴻亮他們看劉東漢先生沒吭氣，就更來勁了，直接跑到屋子裡頭，看見劉東漢在炕上躺著吸料子。劉東漢抬頭看到有人進來，還氣勢洶洶的，就放下煙槍，把虎頭鉤從牆上拿了下來，放在炕沿上，起身下炕穿鞋，看意思是要下床來和他們動手。就在他提鞋的工夫，身形還沒站穩當，張鴻亮衝上去一拳把劉先生放了出去，劉先生一屁股坐在了門檻上。

這是回憶幾十年前的事情，老實講這是偷襲，不能就此斷言張鴻亮師兄功夫高、劉東漢先生功夫低。因為趁人家沒穿穩鞋的功夫就給人一拳，實在不太公平。但在當時，看到劉先生跌在地上，這群年輕人吆吆喝喝一哄而散，出去就說「把劉東漢給打了，太極拳不能打人」如何如何。劉先生臉上掛不住，沒過多久，就收拾收拾回河北老家了，是帶著張欽霖一起走的。

民國二十年（1931 年），李德懋隨閻錫山自大連返回山西，路過北京時，聘請了會友鏢局的三皇炮捶名師于鑑先生擔任閻錫山警衛部隊的武術教師。隔了三年，民國二十三年（1934 年），又聘請了太極拳名師葛書元擔任閻錫山督軍府警衛部隊的武術教師。

葛書元在督軍府當了武術教師，曹珂在孫楚的部隊當了教官，孫楚是閻錫山最倚重的八大高幹之一。葛書元和曹珂都是劉東漢先生的得意弟子，劉先生在河北邢台老家聽到這個消息後，覺得徒弟們有出息，自己也能在太原站住腳跟，才第二次回到太原。這次回來，張欽霖也一起來了。

　　這次重返太原，劉先生住在鐵匠巷，主要以授徒為生，影響比第一次來更大。在重返太原的第二年，也就是民國二十四年（1935 年），山西兩百多名弟子共同為其製作了「武術超群」的金字匾額以為歡迎，風光一時。

　　日本人侵占太原之前，太原市的武術表演都在杏花嶺，即現在的進山中學或者叫六中附近。杏花嶺原來是明代晉王府的花園，地處晉王府城內東南隅，杏樹多，因此就叫杏花嶺。明亡後，杏花嶺也逐漸荒蕪。直至清中葉之後，才又被開發重建，古老的杏樹、榆樹成林，成為太原城中的一片公共林地。光緒二十八年（1902 年）前後，山西農林學院將杏花嶺作為農林試驗場進行墾殖，栽培新的苗木。

　　民國八年（1919 年）以後，閻錫山的軍隊常在這裡訓練演習。每逢仲春之際，綠滿坡嶺，樹戴杏花，碧空白雲，花香噴湧，恍然一個洞天玉府。徘徊在杏花天影之下，恰似古代詞人構建的暗香流動、疏影橫斜的美學世界，是一塊好地方。所以閻錫山政府的許多要員都住在杏花嶺附近，比如閻錫山的一個軍長楊愛源，就在杏花嶺後頭住，閻錫山自己家也在那一帶。

　　由於軍隊需要及個人安保工作的需要，閻錫山十分重視武術。所以當時的武術表演很多，尚武之風很盛。當時許多大的活動，比如賑災義演、抗戰講演，都會組織表演會，請著名的武術家來表演。慢慢地，太原練拳好武的人都集中到杏花嶺附近，學拳的、教拳的、單純討生活的或者開武館的，不一而足，各有各的場子，各有各的門路。

　　劉東漢和師兄弟張欽霖當時也教拳，也有場子。他們表演的時候有個特點，我第一次見到就很受觸動。特點是什麼

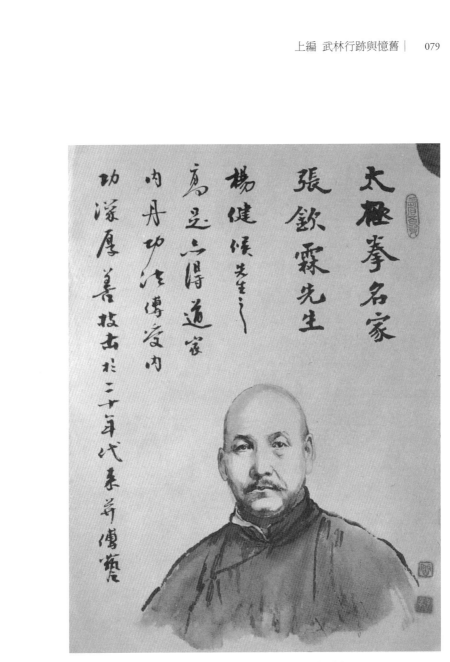

功深厚善技击於二十年代来荆傳藝

内丹功法傳受内

高足又得道家

楊健候先生之

張欽霖先生

太極拳名家

太極拳名家張欽霖畫像（閻子龍繪）

呢？就是他們師兄弟在登台表演的時候，不像一般練拳者那樣穿著短褂，露肩露背，一股子粗魯氣息。他們不穿短褂，而是穿著長衫，掛著懷錶，頭戴禮帽，上場脫帽微微鞠躬，不像其他武師那樣抱拳行禮。等演練開了，也不像別的練拳者上躥下跳、左衝右突，一會兒翻觔斗、一會兒騰空踢打，而是鬆緊合拍，張弛有度，綿綿密密，如行雲流水一般。這讓我印象很深，顛覆了我對太極拳的認知，對練太極拳的人也抱有了極大的好感，也因此，我把太極拳叫作文明拳。

把這些感受說給霍先生聽的時候，霍先生還笑我，說我到底是個讀書人，練武也講求個美、講求個禮。

嘲笑歸嘲笑，霍先生後來也說，練武雖然表面上是武夫的事情，但實則是文化人的事情，練武的人也要講求文化，沒文化是練不好的。單說骨骼、經絡、氣脈、技擊原理，哪個不是專門的學問？沒有文化，「武」只是「術」，不能稱其為「武學」，更說不到「德」「道」的層面，否則，關夫子和一般街頭賣藝的有什麼區別？反過來講，文人也不可以純從文事，也要學點武術，瞭解點武學的精神，一則體魄強健，二則精神強健。總之，文武之道，不可偏廢。這些話，我是深以為然的。

說到張欽霖，民國出名的張欽霖有兩個，一個是上面提過的武術界的張欽霖，另外一個是報人張欽霖，出版行業的，也寫過一些武俠小說。武術界的張欽霖和劉東漢要好，是師兄弟，學的都是楊家的東西，但不是同一個老師。

劉東漢先生跟的是楊兆林，後來得到武式太極名家郝為真的指點。張欽霖是河北省邢台任縣大石頭莊人，光緒三十二年（1906 年）他才十歲，就在楊健侯北京家中做傭工，

也跟著楊家人學點太極拳，誰也沒對他太留意。民國三年（1914年），他也不過十八歲。當時南方有個比較出名的拳師到楊家挑戰楊澄甫，張欽霖在旁邊看不下去了，就和這位南方武師動起手來，一交手就制住了對方，在場的人無不驚訝意外。

這次事件之後，張欽霖就被楊家重點關注了，楊澄甫開始親自教授，甚至楊澄甫的父親楊健侯也認為他是可造之才，還親自指點，張欽霖逐漸成長為楊澄甫最能打的一個徒弟。後來張欽霖還跟道家和金丹派的左一峰先生學過內功，如吐納導引之術，對他影響很大，也都被他用到太極拳裡。

張欽霖在太原待了好長時間，教了不少徒弟，像當時的胡耀貞、王善文、李雲龍、劉志亮、王延年等人，都先後拜到他門下，包括後來去台灣的鄭曼青也是和張欽霖學的。改革開放後，聽說張欽霖的楊式太極拳風行台灣，在台北、台南、高雄等城市都有傳人。後來還傳到了英、美等國，楊家的東西傳播到了海外，也是了不起。

我對張欽霖印象比較深，原因是張有一個大肚子。張欽霖的肚子在當時是出了名的棉花肚。我親眼見過，別人一拳打在他肚子上，硬是拔不出來，被吸住了。然後張欽霖還是面不改色，趁對方不注意，一發勁就把人彈出去了。有這麼個功夫，當時看得我目瞪口呆。

日本人占領太原以後，在杏花嶺大肆砍伐數百年的古木，修建了什麼神社，並闢建出一片操場，供日軍操演之用，杏花嶺又成了日軍演習武術的一個中心。日軍投降以後，劉東漢也已年老體衰，重病纏身。葛書元先生和劉先生的女兒劉臭妮親自把他送回了河北邢台，先是住在內丘他女

兒家將養，最後由他兒子接回了老家，回到老家後不久便去世了。這是說到王新午先生和山西國術促進會，順便回憶了當時太原城內太極拳的一些人物和背景，聊備參考吧。

劉東漢先生是第一批甚至是第一個來太原教太極拳的人，除了同一時期的王新午先生外，其他就再也沒有了。

葛書元的軟硬功夫

練太極拳有影響的，再就是葛書元了，字青山，山西省稷山縣楊趙村人，孩童時候就喜歡舞弄拳腳。光緒三十三年（1907 年），十三四歲便拜本縣武師韓世卿為師學習太極拳，由於自小家庭經濟比較困難，十五歲便到太原謀生活，做過很多職業，生活很艱苦。但是葛先生從來不放棄學習的機會，尤其是學文化和武藝。

他做過一些雜工，做過學徒，最後學會了篆刻，就在靴巷開了一個刻字的鋪面，叫作晉元齋。靴巷離我家也不遠，出門順著橋頭街向西，過了鐘樓就是按察司，右轉的這條南北向的巷子就是靴巷，入口右手第一家是個綢緞莊，後來倒閉改成了一家日雜商店，第二家便是晉元齋，我都去過。繼續向北，東邊這一趟有郝盛齋、晉華齋、孟家文具店、福茂齋印刷、王同山筆莊，等等，相鄰的和對面的店面，不是經營刻字、印刷，就是賣些紙筆文具。只有兩三家店比較各色，一家狐皮店，賣些皮草。另外兩家在靴巷最北邊，一個理髮店，一個燒餅店。

現在靴巷還在，兩旁的鋪面都沒了，有一次路過，見還有「書業誠」一個門面挺完整，被政府保護起來了。這是個

太極拳名家葛書元畫像（閻子龍繪）

書店，原來我也常去的。

葛先生在靴巷刻字為生的那段時間裡，也和一些武術界的人來往，雜七雜八地學了一些東西。後來劉東漢先生來太原，先是住在鐘樓南邊的校尉營，不久又搬到了察院後，而察院後就在靴巷後面。劉先生除了經營一些買賣之外還教拳，教太極拳和三皇炮捶。葛先生離得也近，就去跟劉東漢先生學拳，先學的三皇炮捶和其他。葛先生有基礎，加上人聰明，肯下工夫，劉先生很是看重他。

葛先生雖然沒比劉先生小幾歲，也就小八九歲的樣子，但是對劉先生的功夫非常佩服，所以就給劉先生遞了帖子，專門學楊家的太極拳。後來張欽霖來太原找劉東漢先生，也頗喜歡葛先生，給過葛先生不少指點。

在和劉先生學習的時候，葛先生的交際圈大大地提升了一個層次，認識了許多武術界的名流，與他之前混跡市井的時候大不相同。後來他又從大寧堂坐診先生那裡學了傅山拳，又和他的同鄉王懷明學了王宗岳太極拳。

傅山拳又叫朝陽拳或者傅山太極拳，與王宗岳傳的太極拳有很深的淵源，據說都傳自張三丰。張三丰祖師的弟子非一，其中有一個叫劉慶的道人保留了一支，在道門傳授，後來傳到了傅山這裡。傅山創辦大寧堂之後，太極拳變成了大寧堂坐診先生世代相傳的拳術，並且只傳弟子，不傳子女。

大寧堂坐診先生保持著道家龍門派的宗風，後來加入了一貫道，主張尊道不言師，所以葛先生從學的這位大寧堂坐診先生姓字名誰我們都無從知曉了。但現在還健在的老英雄許有德師父可以作證，我們這個年紀的人好多都見過大寧堂的這個先生。

　　王宗岳是明萬曆年間人，他的太極受自張三丰，因為他是新絳人，所以在山西新絳一帶傳承了下來。王懷明就是新絳人，是當時閻錫山手下的少將，擅長王宗岳太極，結識了同鄉葛先生之後，便毫無保留地把拳傳給了他。傅山太極拳和王宗岳太極拳雖然同出一源，但經過明末至清代兩三百年的傳承，在練法上已經有了很大的差異。葛先生學到之後經過苦思苦練，再加上劉東漢先生和張欽霖的指點，很快就自成一家出人頭地，被閻錫山聘為武術教師，也成了劉東漢先生晚年的依靠。

　　葛書元先生的功夫很有特點，練法也很有特點。比如說樁功，特別下工夫，一站就是一個多時辰，這是老太原城裡的人都知道的。他軟硬功夫都好，開碑裂石，舉重若輕，經常興致上來了就給人露一手。他的硬功得來得也很傳奇。他老家是稷山的，隔一段時間便會回去探親。每次從太原回稷山的時候，都會隨身帶一個方便鏟，肩上搭一個褡褳（一種中間開口而兩端裝東西的口袋。指古代的一種錢包。），裝些盤纏乾糧。當時沒有這麼多公路鐵路，大多都是些小路，穿山越嶺也全靠一雙腳。途經靈石的時候會路過韓信嶺，上面有韓信墓，不遠的地方還有一個廟，廟也不大，不太起眼。葛先生經常路過，也沒太留意這個廟。

　　有一次家裡捎信，可能有急事，他就著急回稷山。路上趕得緊，該住的地方也不住，該停的地方也不停，走到韓信嶺的時候，天已經很晚了，前不著村後不著店，月亮倒是挺好，可也實在沒法趕路，突然想起了這個廟，就去投宿。一個和尚開門讓他進去，安頓下來。按常理說睡一宿，第二天也就走了。可是葛先生因為心裡有事，著急，睡不著，就起

來在院子裡練拳。

正練著呢，那和尚出來了，說：「看你拿著兵器來的，果然是個練家子。太極拳練得不錯，怕是沒啥用。」

葛先生就問：「和尚也練？」

和尚說：「我不喜歡這種綿軟的拳，我練過些硬功。」

倆人後來就試手，一搭手，葛先生發現這和尚功夫不一般，倆人就趁著月光你來我往試了幾下。

第二天一早，葛先生準備走，和尚說：「請多留半天，咱們好好試試。」

練武的誰沒個好勝好學的心呢，葛先生就放下褡褳和這個和尚動起手來，這次比頭天晚上又不同，相持了很長一段時間，不過最後到底是葛先生高明一些，徹底把和尚放展了，和尚很佩服葛先生，說：「頭一回見識太極拳這麼管用。」

葛先生也很佩服這個和尚，說：「硬功的作用也見識到了。」

倆人就約好，等葛先生料理完老家的事，返程的時候還來廟裡，相互換換藝。你教我太極拳，我教你硬功。

就這樣，葛先生學到了一些硬功功法，像是鐵砂掌、鷹爪功，後來還學了在太原傳承的五毒疊塔四重合形大法，道門的功夫。這些硬功，無外乎練臂力、掌力、指力，常見的就是抓罈子。

葛先生抓罈子有些小竅門，先是抓空罈子，隔一段時間指力增加了，就往罈子裡灌上水，再往後就是往罈子裡灌上泥。專練硬功很容易練出問題來，葛先生學到之後，因為他是內家拳的行家，所以在功法上稍微做了一些調整，趨利避

害，既增加功夫，又不受傷害。

比如練鐵砂掌，葛先生的方法是打鐵砂的時候不用力拍打，而是靠自然的慣性往下打，一點兒拙力都不用。手法上拍、捽、切、啄、印，慢慢拍，慢慢練，循序漸進，一天增加一下，一天增加兩下，日久見功夫。不著急冒進，反而上功夫很快。再加上他也懂醫術，自己配上藥，練完就洗手，手保護得很好。直到晚年，他的手摸起來還是綿綿的，手心紅潤，像是孩童的手。那時候我們還小，葛先生故意逗我們，開磚擊石，看得我們目瞪口呆，心嚮往之。

因為內家拳的拳師很少表演這些，我們就認為這些硬功比內家拳好，就要學。葛先生不主張學這些，他說：「這是江湖人練的，你們想練也行。」又說，「打人和拍磚不是一回事兒，磚石是死的，人卻是活的。」

後來想想也是，拍打這些其實增長不了力量，力量無外乎質量加上速度。拍磚石無非是增加了你的抗受力，不怕疼了。如果再加上內功，裡頭用氣護住身體不受傷，吃住那股勁兒，磚也就開了。

在當時那個亂世，人的戒備心很強，很多武行裡的人出門都會隨身帶個傢伙。葛先生隨身帶的「兵器」很獨特，是他自己設計的。把一個秤砣抓在手裡，像把玩手把件一樣，四角磨圓了，揉捏得鋥亮。秤砣上拴了一條牛皮繩，在手腕上纏著，走到哪裡都帶著。一來防身，二來練指力。以前的人練功除了肯下死力之外，都會摸索出一個特別的方法。

葛先生練太極拳也有一個獨創的小方法，就是在練拳的時候手臂上掛著石鎖，一個石鎖三十斤，一隻胳膊上一個。石鎖是葛先生外地的一個徒弟專門給他定製的，很漂亮的石

頭，許有德師父說是大理石，其實也不太像。他就這樣練拳盤架子，所以臂力很強，內功也好。

葛先生練內功，不管是坐著練還是站著練，氣一沉，腹內都會轟隆隆地響，像雷鳴一樣。許有德師父就是和葛先生學的，現在丹田也能這樣。葛先生的丹田功以丹田為核心，守住臍內，丹田內轉，平圓、立圓交錯而用。以意念導引，立圓的，自後而前、自前而後，自左而右、自右而左；平圓的，自左旋、自右旋。都是正反、順逆交錯練習。當然這種練習的前提是已經氣沉丹田，丹田得氣、內氣充盈之後才能練習丹田內轉，需要有相當的基礎。

正是因為葛先生肯用功，又好學，所以功夫很深，與人交手很少落敗。有這麼一件事情，當時閻錫山在他老家五台縣弄了一個河邊國術館，請葛先生去教拳。閻錫山的一個本家，忘記叫什麼了，是前清的武舉，挺自負，瞧不上民間練拳的，見葛先生教拳，就上來說：「比比？」

葛先生聽見語氣不太友好，就說：「文的比呢，武的比？」

這個武舉人就說：「怎麼講？」

葛先生說：「武的比，咱們就簽個生死文書，抄上趁手兵器見個高下。文的比，咱就搭搭手。」

旁邊人知道葛先生的脾氣，又有血性，就勸阻說：「文的比就行，文的比就行。」

結果這武舉人一抬手就被葛先生摁在地上，再起身，又是被摁在地上。就這樣，連搭上手的機會都沒有，這才服氣，說：「不比了，不比了，向先生認輸。」

葛先生就是這脾氣，到晚年還是這樣，都下不了炕了，

坐在炕上也和人推手。凡是不服的弟子訪客，搭手就放出去，這都是我常見的。葛先生一生用功練太極拳，散手推手都好。新中國成立前我還年輕，與葛先生一輩的人雖然常見到，但沒有交往。新中國成立後，尤其是在五六十年代，我工作穩定，才開始和葛先生有了較深的交往。葛先生在靴巷謀生，也在靴巷住，後來去世也是在那裡。

孫劍雲：拳盡在進退之中

　　跟隨霍寶珊先生學完王新午太極拳，一直到 20 世紀 60 年代，我練的都是王先生這套太極拳。後來機緣巧合，又學了孫式太極拳。在學孫式太極拳之前，這套拳對我來說一直是一個謎，因為這不僅僅是一套拳，還代表著武術的見地和境界，讓我一直抱有幻想，想起來就很興奮。

　　這些情緒源自我對孫祿堂先生的敬仰和神往。對於孫祿堂先生的傳奇，我從小就聽了許多。後來，孫先生的著作《太極拳學》《形意拳學》《八卦掌學》《拳意述真》等，我都反覆拜讀過，因此對孫祿堂先生格外崇拜，可惜一直沒有機緣學習孫先生的絕學。

　　民國時期，我在華北大學（中國人民大學的前身）讀戲劇科，跟隨曹禺、歐陽予倩諸先生學習過戲劇，當時學校還在保定。後來學校遷回北京後，我又去北京大學學習了古漢語和圖書管理專業。1949 年 7 月，第一次文代會（中華全國文學藝術工作者代表大會）召開，我也有幸參加，聆聽了毛澤東主席和郭沫若同志的講話，很受鼓舞。當時大會把毛澤東的文藝思想作為新文藝的基本方針，號召文藝工作者為

建設新中國的人民文藝而奮鬥。我們都很興奮，一來是因為
內憂外患的國情終於結束，新的國家終於建立起來了；二來
自己學業剛剛完成，就遇到這樣的好時代，也算是生逢其
時，自己的才能有了用武之地。

新中國成立後，我被父母叫回山西結婚，先後在山西省
文工二團、山西省文化廳藝訓班、山西省文化廳藝術處等部
門工作。當時北京成立中央舞蹈培訓班，華北五省藝術人才
被臨時集中起來進行戲劇舞蹈培訓的時候，我正在山西省文
化廳藝術處崗位上，便帶著山西藝術隊到了北京。領導看我
對戲曲和文學都不陌生，所以就讓我負責這個培訓班，還做
了班主任。

在北京，除了工作之外，我每天都會去陶然亭公園鍛
鍊。先練練形意、八卦，然後就練王新午先生的太極拳，每
天如是，堅持了一段時間，時間、地點、練功次序都是固定
的。開始的時候還是一個人練，過了一段時間發現附近也有
練拳的，但我也沒想著交流。後來接著幾天，每天都會有一
個中年女人在旁邊笑吟吟地看我練拳，看面相很年輕，短髮
微捲，戴著一副玳瑁框的眼鏡，看我練完就走。

有一天我正練著呢，她又來了，等我練完了不僅沒走，
還走上來和我聊了幾句，問我是哪裡人，等等。這是一般性
的聊天，我也沒太在意。而後她突然又說：

「你這個形意、八卦練得不錯，練得很正宗，看得出是
名家調教的。你的太極拳也有功夫，練過不少年頭的感覺，
不過你不如練練孫式太極拳。王新午的太極拳有很多別的拳
法內容，與你的基礎不太相應，打不成一片。孫式太極拳是
形意、八卦、太極三拳合一的，是最適合你的基礎的，你不

如練這個。」

我聽罷很驚訝，原來是個行家，於是說：「孫祿堂先生是我最崇拜佩服的前輩，自小常聽師父們說，可惜沒有緣分見。他的太極拳自然是高明的，我也很仰慕，很遺憾沒有學過，沒遇見過精擅此拳的老師。」

安慰先生在北京

然後就聊到孫先生的著作，我還把孫先生最早的拳論和後來的變化做了一個闡述，又背誦了孫祿堂先生《形意拳學》的一些創論。我一邊講，一邊嘆息。她一邊聽，一邊笑吟吟地點頭。等我說完了，她笑著說：「我就是孫祿堂先生的女兒。」

我不太相信，就問：「你叫啥？」

她說：「孫劍雲！」

我趕快抱拳作揖：「有眼不識泰山了，能見到孫先生女公子。」

孫劍雲先生又笑著說：「看你年齡不比我小多少，不要這麼客氣。」

我們互說了一下年齡，孫劍雲先生是民國三年（1914年）生人，比我大了七歲。

孫劍雲先生說：「我常在陶然亭鍛鍊，最近突然多了你這個『陌生人』，又練得地道，我就好奇，連著觀察你好幾天。越看越不像一般的愛好者，今天就這麼冒昧地打擾你

了。剛才聽你說你的形意拳、八卦掌、太極拳的師承，也是大有來歷的。你要是真想學孫式太極拳，我就教給你吧。」

我真是求之不得，當下就問孫先生住處，說改天登門去磕頭拜師。孫劍雲先生擺擺手說：「這就不要了。我的功夫德行與家父比起來百不及一，還不能收徒弟，也不敢收徒弟。另外論起班輩，形意門裡面是『華邦惟武尚，社會統強寧』十個字，你我都是『惟』字輩，算是平輩。所以你這麼學就行了。」

這樣的機緣像是天上掉下來的，我一時不知道說什麼好，真是見識了大家的風範。從第二天起，我就開始學孫式太極拳了。

當時孫劍雲先生雖然教人，但確實還沒有收徒。一方面是由於新中國成立後的新風氣，舊的儀式被人刻意丟棄了；另一方面，在那個時代，大家都很謹慎，不敢貿然建立這種師徒的關係。到了 20 世紀 80 年代，改革開放以後，孫先生才開門收徒弟。最早跟著孫先生學習的人也是這個時候才遞的帖子，比如劉樹春等。

在陶然亭公園和孫先生學孫式太極拳的時間不長，也就一年的工夫，但一年時間用來摳一套拳架也足夠了。在這一年裡，除了在公園裡學習套路功法之外，我也會去孫先生家裡拜訪，討論些拳理，聊些逸事。

我瞭解到，孫式太極拳老架九十七式是孫祿堂先生從武式太極拳發展來的。孫祿堂先生學武式太極拳也是機緣巧合。孫祿堂先生和楊家的楊澄甫是把兄弟，一開始想學楊家的拳，可是被楊澄甫委婉地拒絕了。孫祿堂先生當時特別想學太極拳，但他並不是為了增強自己的技擊水準，就算他不

練太極拳，當時也沒幾個人能打得了他。他是為了融合內家拳，讓形意、八卦、太極三拳合一。

恰好有一年，武式太極名家郝為真落魄潦倒，準備在北京教拳謀生。到了北京才發現，人們不瞭解武式太極拳，所以沒人吃他這套，他在北京站不住腳。一次和人比武還輸了，丟人敗興，就更沒人重視他了。等郝為真積蓄用盡，準備回河北老家時，盤纏不夠，不巧又染上了痢疾，一下子病倒了。當時沒有好的消炎藥，得上這種病很容易鬧出人命。郝為真身體越來越弱，情形凄苦不堪。

孫祿堂先生人很大度，也很愛才，知道這件事後就把郝為真接到家裡面調養。病調養好以後，在和孫祿堂聊天談拳的時候，得知了孫祿堂先生融會三家、自成一術的心願，郝為真特別感動，就主動提出來要把武式太極拳教給孫先生，並且傾囊相授，毫無保留。於是，孫祿堂便和郝為真學了武式太極拳。

孫先生也因此大受感動，從此不再把自己的武學視作私產。直到孫劍雲先生這輩，還秉承著孫祿堂先生「不以『正宗』『嫡傳』而自居，謙和待人；不以家傳武功為私有，傾囊授人；不以授武為謀利手段，安貧樂道」的武德。我在跟隨孫劍雲先生學習孫式太極拳的這段時間，也深切地感受到了這種大家的胸襟和「公天下」的武德與情懷。

學完武式太極拳之後，孫祿堂先生便根據形意、八卦的特點練成了孫式太極拳。他練的這個架子以武式太極拳為基礎，加了形意、八卦的東西，糅合得又很巧妙，並不是說一會兒形意，一會兒太極，一會兒八卦，不是機械的拼湊合組合，而是每一個動作都是太極拳，但同時裡面又兼有形意、

八卦的精華。這就是孫祿堂先生的大創造、大貢獻。在此基礎上，孫先生寫成了著名的《太極拳學》，這本書其實可以算作近代太極拳史上第一部成體系的著作。在此之前沒有這樣的書，原來叫拳譜，是單篇的論文。

因為崇拜孫祿堂先生，我向孫劍雲先生問了很多關於孫祿堂先生的事情。比如「孫祿堂先生是怎麼練功的」，孫劍雲先生就講了一些趣事和特別的方法。她說孫祿堂先生練功，不是社會上想的那樣，也不是武術界常見的練法。孫祿堂先生常用的幾個方法，一個是用牛皮繩拴個磨盤，然後拉著牛皮繩往回拽。拽過來後，把磨盤扔出去，然後再拽回來，反反覆覆。另外一個就是抖大桿子，通常人舉不動的桿子，孫祿堂先生每天要抖一千次。其他的就是練些硬功功法。沒有適當的硬功輔助，打不了人。

有一天聊到了孫祿堂先生之死，孫劍雲先生嘆口氣說：「父親晚年寫了好多書，將儒、佛、道三家的學術和拳術結合起來，心性、武德、見地都是極致，但這是他中年以後的進境。他年輕時也好勝好打，把好多北京、天津的武館都踢了，鬧得人家都沒有飯吃，結了不少仇家。在父親晚年的時候，有些仇家開始伺機報復。」

聊了幾次之後，大概瞭解了一些情形。在孫祿堂先生七十歲的時候，仇家到上海找他復仇，孫先生可能有預感或者提前得到了消息，平時出入都很謹慎。

有一次，孫劍雲先生陪同孫祿堂先生在一個百貨大樓參觀，人又多又雜，進電梯間的時候，孫祿堂先生看到有一個人神色不對，但也沒太在意。進了電梯間後，那人就擠到了孫祿堂先生身後，下了重手，點了他的穴，就在肺俞附近。

孫先生被點之後，回頭看了看那人，沒動聲色，拉著孫劍雲先生提前回家，說是累了。到家之後，孫先生讓孫劍雲先生把門窗都關上，拿了個痰盂放在面前，又讓孫劍雲先生倒了點兒墨進去，然後把徒弟們叫進房，把剛才被人暗算的事情說了一下，又指指面前的痰盂，說：「淤血也逼出來了，無大礙。」意思是不讓徒弟們為他尋仇，不要鬧事。孫劍雲先生才知道父親剛才的行為是為了這個。

沒多久孫祿堂先生就回了河北完縣老家。隔了一年多，孫祿堂先生突然說自己要走了，並把走的日期都說得清清楚楚。家人又驚又怕，堅持讓他去醫院檢查，去的是北京德國醫院。西醫檢查了一遍，說身體沒什麼毛病。家人不放心，又找了有名的中醫孔伯華來看，孔大夫說從脈象上看，孫先生的身體比年輕人都好，家人才放心。

此後，孫先生也如常教拳、練拳、吃飯、睡覺，可是到了孫先生預言的那天黎明，他把家人叫到身邊，說：「我要走了，一會兒有仙佛來迎。」

接著讓家人到院子裡燒紙，等家人燒完紙再進來，孫先生已經坐得端端正正，背對西北，面朝東南，鬚髮飄動，滿面生光，交代了幾句話便坐化了。孫劍雲先生講這些的時候，帶著若有所思的神情，而我聽完之後，生出的是更多的敬仰。

逐漸熟悉後，我還瞭解到孫劍雲先生的一些家事。孫祿堂先生有四個孩子，三男一女。她母親四十多歲才生的孫劍雲這個女兒，視若珍寶。她大哥、三哥死得早，父母在的時候，她大嫂和大哥的幾個孩子還有人照管。在孫劍雲先生二十多歲的時候，母親過世了，孫劍雲先生就把大嫂和孩子們

接了出來，和他們住在了一起，甚至因為怕自己成了家姪子們受苦，孫劍雲先生一輩子沒有結婚。

　　孫劍雲先生年輕時條件優越，人也漂亮。孫先生家裡有一張照片，照片上的孫先生穿著旗袍，一頭鬈髮，手持一支香菸，坐在沙發上。用先生自己的話說，她就是「從沒出生就開始被人伺候」的人，哪裡想到會受這些苦，但她還是撐下來了，並且樂天達觀地生活著。孫劍雲先生說，原來想著自己年輕，先把大嫂養起來，把大哥的子女都養大了，自己再成家不遲。最後拖著拖著，一方面年齡也大了，另外一方面也習慣了這種單身的生活，就不嫁了。

　　後來聊天她又說，自己父親一世英名，孫家沒個支撐門戶的人。只要她不嫁人，就還是孫家的人，孫家就還有人在，孫家的絕技便還在。如果她嫁人了，便是別人家的人，不能代表孫家了，那孫家的一門老弱便沒了頂樑柱，家就散了，她覺得沒法和父親交代。瞭解了孫劍雲先生肩負的家族

孫劍雲先生

責任和武術使命後，我在唏噓之餘也敬佩不已。

孫劍雲先生的理論不多，強調最多的就是「逢進必跟，逢退必撤。轉身換式，開合相接」。但她推手功夫的技巧十分精湛，功力渾厚；架子相對比較高，135°，她說這是最合理的角度。練拳過程中，孫劍雲先生特別強調讓我多練懶紮衣，楊式就叫作攬雀尾，吳式也叫攬雀尾，但是陳式叫懶紮衣。孫式太極拳是從武式來的，武禹襄又是在溫縣趙堡跟隨陳清平學的，所以孫式也叫懶紮衣。除了懶紮衣，印象最深的還有退步跨虎，孫劍雲先生強調退步跨虎要當一個樁來練。練套路練到退步跨虎的時候可以停，要多站、多練，有很大益處。我都一一遵照做了，很是受益。

當時在陶然亭公園裡練武的人不少，李天驥也經常去。李天驥年齡與孫劍雲先生不相上下，他父親李玉琳是孫祿堂先生的徒弟。因為有這層關係，所以李天驥也經常往孫劍雲先生那裡跑。在我和孫劍雲先生學拳的時候，李天驥有時會湊過來說幾句話，看幾眼，但不知道為什麼，孫先生似乎並不願和他多說話。

我和孫劍雲先生學孫式太極拳的時間不長，滿打滿算一年時間，後來在京的任務完成，我要回山西繼續工作，便與孫劍雲先生告別了。直到 20 世紀八九十年代，孫劍雲先生來太原，我們才又見到。學拳的這一年裡，我常常向孫先生請益切磋。學拳之餘，孫先生知道我還愛劍法，學過不少套路，因此，沒事時她便和我套套劍。

孫祿堂先生建立的孫式太極拳體系博大奧妙，但是缺少了太極劍，我也覺得很遺憾。三才劍分上劍、下劍兩部分，可單練，也可對練，其實就是現在社會上說的「孫式太極

劍」。但是後來孫家似乎不這麼說，後來有一些書裡說這套劍法書稿在孫祿堂先生去世前已經寫出來，就叫《孫式太極劍》，只是沒有出版。

民國以來的太極、形意、八卦的拳師們稱道孫祿堂先生各種功夫者甚眾，就是沒有提到過孫氏的太極劍。我們都讀過孫祿堂先生的著作，與《孫式太極劍》語言風格和表達方式是否一致，大家一閱便知，不需我多言。

當時和孫劍雲先生學的孫式太極拳與現在流行的孫式太極拳還是有區別的，起勢就不一樣。起勢是向前向上捧，手心斜向內，不是現在好多人練的向前插。懶紮衣有種練法是鳳凰三點頭，其中打法上包括了起打、落打，身法上以胸前畫十字，起鑽落翻的奧妙盡在其中。整體的身法要點有三，一是尾閭中正，所有的動作都是以尾閭向前推擠和向後牽帶為核心；二是順中用逆、逆中用順，有向前之力必有向後之力；三是進退要合宜，不可過早或過晚，早則頂，晚則丟。孫式太極拳的最大特點盡在進退之中，由進退來體會力由足起、節節貫串的要義。

李東昇：捨己從人不費拿

說到太極拳，對我產生影響的還有一位名叫李東昇的先生。李先生是山西夏縣人，民國時候是太原監獄典獄長，擅長擒拿，因為也練太極拳，常參與太極拳的一些交流活動。我與他遇見的次數多了便熟識起來，他給過我很多指點。李東昇先生也是一位開明誠懇的人，雖然我們並不是師徒關係，但他在講拳理、試勁路的時候從來不保守，傾囊相授。

有一次我問他：「先生的拳技這麼精深，師承哪位前輩？」

他哈哈大笑，說：「我哪裡有什麼師承，我是個雜家。」

後來瞭解多了，我才知道先生也是位奇人。李先生少小來太原謀生，做過很多職業，好武成癖，入伍後被派在監獄工作。當時是個亂世，監獄裡的犯人們也是三教九流，各行各業的都有，比如有擅長跳牆越簷的賊，有打家劫舍的強盜，有橫行山陵的土匪，甚至也有許多有江湖背景的人士。

李先生人比較忠厚，對犯人們不像別的獄吏那樣粗暴刻薄，漸漸地和一些犯人熟悉起來。其實那樣的社會，大部分犯人是生活上沒著落，走投無路才鋌而走險的。和這些犯人熟悉之後，東昇先生便會請教一些功夫，有真懂真教的，也有不懂瞎教的，李先生無不用心鑽研琢磨，也和會練的同事們交流，時間久了也悟出不少東西。後來監獄裡關進來一些綠林人物，還有犯事的武官，有些是死刑犯，他們見李先生真心好學，也不想自己的看家本領沒個傳人，就有不少人傾囊相授，這裡面有很多功夫都是亂世裡實戰出來的經驗和技能，難能可貴。李先生的功夫就是這樣積累起來的。

由於他經常要抓捕犯人，就尤其留心各種擒拿法，日積月累的，也頗有成就。我曾見他和人試手，狠辣多變，無不簡捷實用，很少落敗。他告訴我說，他的擒拿一般人練不出來，為什麼呢？一般的武行練家都是師徒、師兄弟之間練功切磋，點到為止，不會真的攻擊要害，不會真的下狠手，這樣的訓練總是留有餘地，真要交手，往往差點狠勁兒。而他為了實踐學來的技藝，有時會故意留機會讓犯人跑，他再去抓，把學過的技術都用到逃犯身上。下手沒那麼多顧忌，犯

人拚死相抗，他也是用盡全力，所以他的擒拿和一般練家不同。一般的練家是師友切磋，點到為止，在實戰上往往有「不及」之弊，而李先生則是出手不留餘地，有「太過」之嫌。總之出手傷人，過猶不及，分寸很難拿捏。他也自知出手太狠，因此在一些場合就刻意避免與一般後生動手。

我認識他的時候沒有機緣深交，加上自己有師父，要避嫌疑，因此並沒有特別請教。當時錯過，也是遺憾。後來李先生把這些雜七雜八學來的東西，都化進了太極拳裡，也是聰明異士，武術奇才。

新中國成立後，據說他回到了夏縣老家。也是因緣巧合，20世紀70年代初我被下放，就恰巧下放到了夏縣。我打聽到李先生還在世，只不過年齡大了，生了腿疾，時常臥床休養。我在勞動改造的間隙，便抽空去拜訪這位前輩故人。當時師友飄零，我一人被下放到異鄉，心中不免有許多孤寂和感創，因此重新遇到李先生後異常興奮。而李先生也因被迫還鄉，日日與鄉民為伍，無可與言者，加上身體衰邁，常年臥床，其孤寂與淒零也可想而知。

所以當我們見面的時候，李先生從炕上坐起，緊緊抓住我的手，老淚縱橫，反反覆覆地說：「我將死之人，竟有故人來訪！」我也不覺悲傷。

在這段時間裡，我有空便來，一方面同他聊一些舊日武術界的逸聞，同時也是有意請教學習。

有一天下午，在說到拿法的時候，李先生說：「我年輕的時候拿人全靠技巧、靠勁，拿人的關節。把人體經絡、骨骼、關節點瞭解精熟，吃透了，然後一出手便能合了套，拿骨節、拿經脈、拿穴位，把對方制住。但是晚年返鄉後，才

透過那一層，知道真正的拿是拿氣血、拿神意。」

結合太極拳的精義，總結起來，就是「捨己從人不費拿」，「在擒拿過程中，要真正做到捨己從人，不是拿對方的勁，而是拿對方的神和意」。這些說法讓我受益匪淺。

李先生還將他畢生的拿法總結成了口訣，其中一段話我一直記得：「遠搭手，近靠肘，不遠不近肩一抖。虛能靈，靈能懂，懂能變，變能化。力不打勁，勁不打法，法不打化。」又說，「遠求手，近求肘，不遠不近靠肩抖。」當時在他破舊的土屋裡，李先生沒有下炕，靠在炕桌邊，安靜地示範著每一個動作，他目光炯炯，雙手像兩條活龍一樣，完全不似方才的老邁衰弱。

我在他對面的一把破椅子上坐著，安靜地看著，安靜得可以聽到自己的心跳。陽光從背後的舊窗戶照進來，像幾條小溪。室內的浮塵、他示範時衣袖捲起來的塵土，像黃色的輕煙翻捲在這幾道陽光裡，我靜靜地看著，心裡生出了很多感動和敬畏。這才是習武給予人的益處，即便是形體衰殘，而精神和內心卻永不失其靈明。

關於夏縣，我也順帶多說兩句。當時我是直接從山西藝術學院下放的，被下放到夏縣後，一待就是七八年，隨我去的還有我的大兒子。剛去那年，沒有單位接收我，生活無著，我就帶著兒子到處找住處，討生活。後來沒辦法，便進了中條山，在山裡找到了一個破廟，才有了落腳之處。原本以為是個荒廢的廟，進去之後才發現裡面住著一個道人，破衣爛衫，髮髻亂蓬蓬的，因為不願還俗，也不願回老家，就一個人悄悄躲進山裡。白天還不敢生火做飯，怕被人看到煙舉報。我們走進那個廟的時候，他說嚇了他一跳，以為是政

府派人抓他還俗呢。後來我就講了我的尷尬處境，他說：「那你也住著吧，孩子也怪受罪的，暫且靜待時機，沒人理會未必是件壞事。」

就這樣我帶著兒子同這個師父住了一年多，衣食無著，其中的艱辛不忍回顧。在這段時間裡，我隔三差五地到縣裡，拿著介紹信到處問，卻沒有單位願意接收我。後來樣板戲流行起來，文藝的導向發生了變化，夏縣蒲劇團、眉戶劇團要排演新的劇目，看我的介紹信上提到我曾學習過戲劇，對戲劇文學頗有研究，畢業後又任職於山西藝術學院教授文學，便對我產生了興趣，把我安排到了夏縣文化館。這個時候我才有了安身之所，雖然還會有人用異樣的眼光看我，但是至少生活有了著落。

我努力地參與現代戲的改編和排演，很快和演員、群眾打成了一片，得到了他們的照應，這段時間我從真正意義上體驗了基層鄉村。剛去的時候，我對晉南農村的第一印象是：不講衛生、自私自利、特能吃苦，優點和缺點以一種誇張的方式結合在一起，詭怪奇特。

比如下地幹活的時候，腰上都別著一個饃口袋，裡面裝的饃饃都是放了好多天的，硬邦邦的，我們常開玩笑說掏出一個饃饃能把石頭砸碎。另外一個，睡覺的炕上鋪著一塊油布，睡覺的時候在上面，和麵做飯的時候也是在上面，油膩膩的。我從小長在深宅大院，哪見過這些，所以一開始有這麼幾條印象或者說是偏見。後來相處久了，發現這裡的人更多的是淳樸，尊重知識、敬重能人，我生活的改善正源於他們對文化和文化人的敬重。

文化館的生活雖然清苦，但是比起我在太原受到的排擠

批鬥、在中條山破廟裡三餐不繼的生活，已經算是天堂了。文化館門口有幾株高大的梧桐樹，工作之餘，我都會站在下面讀書、推敲劇本。累了就遙望遠天，風吹過有聲，如友人報語；日月經過有影，如家人相伴。子女遠來探問的時候，我也是在這幾棵樹下接待，這亭亭茂密的樹冠，成了我的華蓋和客廳。以致於多年之後，我女兒還時常想起夏縣的那幾棵梧桐樹。我之所以生活比別人清閒，或許還有一個原因，就是我還在業餘時間，利用跟晚清民國的異人習武、修行時學到的醫術，到周邊各個村莊、鄉鎮，義務為大家扎針施藥，兼做了一個赤腳醫生，治了不少病，也因此得到了同事和群眾的尊敬。

生活就這樣過著，每天按照文化館和劇團的要求編寫劇本、編排劇目，或者給鄉親們看看病，日日兢兢業業，時時小心謹慎，日子沒有了一點波瀾，就像一片飄落在水面的落葉，日漸沉沒，直到沉入水底。除了偶爾夜深人靜的時候練趟拳之外，我離武林界越來越遠，回首自己的人生，感覺像一場夢一樣，那個在黎明的院落中揮汗如雨苦練八翻手的少年，竟不知是誰氏之子了，甚至有時恍然不覺自己練過武術。然而，這些被我自己都遺忘了的技藝，竟然在那個狼狽的歲月為我帶來了一些榮譽和慰藉。

有一年夏天的一個午後，我和劇團的一個武生下鄉演出，他騎著自行車帶著我，我手裡拿著幾件衣帽道具和一根演出用的藤棍。為了趕時間，我們抄了一條荒僻的近道。盛夏的午後，四周都是莊稼，一絲風也沒有，悶熱不堪，連蟬都懶得叫一聲。

我們正悶聲趕路，突然前面的莊稼地裡跳出三個人，拿

著磚塊木棍，上來一把抓住自行車車把要搶。平時舞台上身法架式漂亮至極的武生突然就慌了，待在原地不敢動彈。我抄起藤棍，用鞭桿的技法，三下五除二就把這三個劫匪放倒了。經過這件事情之後，大家都知道我會武術，甚至傳得神乎其神。一開始我還有點緊張，怕受到影響。不過縣文化館的領導們倒是挺賞識我這個技能，排戲、出診的同時，還安排我進行過幾次武術實戰技法的演示，並讓我在各個村教拳，也教了不少人。

我教的那些人後來大多不聯繫了，不過其中有一個學生，從 20 世紀 70 年代一直到現在，三四十年中每年都會來看我，送些我喜歡的煮餅之類的特產，算是極有情義的。他學形意，每年來我只教一形，一年一形，甚至兩年一形，他也不抱怨，也不提要求，總是默而識之，退而用功，把每一形都吃透。不論習武還是習文，最忌貪多，他能這樣學，讓我很欣慰。

這段歲月，現在回頭看，我個人也算是因禍得福，避開了亂世鬥爭的漩渦，在一個偏遠的縣城發揮了自己的一些特長。而讓我不忍回憶的就是陪著我去的大兒子的遭遇。他隨我去夏縣的時候也就八九歲，先是在中條山跟著我挨餓，到縣城後又經常被一些孩子欺負，他就和他們打架。

我教過他通背拳，他練得也不錯，身體素質比一般孩子要強健些，所以一般孩子不是他的對手。但是那些孩子就裹成群打他，拿磚頭石塊砸他，他吃了虧也不和我說，即便是和我說了，我當時也沒為他做主，有時候還呵斥他。那時還不懂心理健康的知識，孩子委屈久了，就越來越沉默自閉，一直到最後無可挽回，成了一個痴傻之人，這是我一生的疼

痛和懊悔。

推手，我佩服三個人

我十幾歲學完王新午太極拳，現在九十多歲，幾十年了，其間或者直接學，或者間接透過師友接觸，也把楊式、武式、吳式、孫式等各家太極拳都見過了。太極拳好不好呢？說句實在話，從拳理和套路上是極高明的，那麼在實戰中能不能用呢？就我看來很難，這個「難」有兩方面的意思：一方面練出功夫難，純粹練太極拳，練到可以技擊實戰是一個很漫長的過程，這是練上難；另一方面是理上難，太極拳講求以慢打快、以柔克剛、以小力勝大力，柔克剛、慢打快，從通常的拳理上看，這是違背常理的。而這恰恰又是太極拳的特殊和奧妙之處，老子言：「反者道之動，弱者道之用。」能做到體道而動、任道而用，非一般人可以達到。

正因為有這兩方面的「難」，所以以前練太極拳的都會練些別的拳術以為輔助，比如山西練太極的一般都練形意，劉東漢和葛書元先生專研炮捶以輔助太極。前面說到的王新午先生更是一個顯例，在練太極的時候，專練八翻手，在用的時候用八翻手的手法結合太極的勁。如果純練太極，依照現在人的資質，恐怕很難，至少在我見過的民國的先生中，即便是太極名家，也需輔以其他拳術。

其實依照三丰祖師的《太極拳經》來看，太極拳的高明之處不在技擊，而在於心性修養等方面。《太極拳經》原注不就說：「此係武當山張三丰祖師遺論。欲天下豪傑延年益壽，不徒作技藝之末也。」清清楚楚、明明白白。我們後人

非要追求太極拳的「末技」「小用」，而忽略了太極拳的「大用」，也是很可惜的。

　　單練太極拳以達到技擊的程度很難，所以前人也經常以推手來檢驗功夫、訓練用法。推手本來是太極拳的一種訓練方式，現在好多人錯誤地把它理解為實戰，這自然是錯的。從太極拳講，推手只是一個知己知彼的功夫，自己盤架是知己的功夫，和人實戰是知彼的功夫。推手只是由知己到知彼的一個過渡，是一種聰明而有效的訓練方式，是從散手演變而來的。只不過兩個人對抗性訓練的話，需要專業的護具、場地，一般習武的人達不到那種專業場地的要求，所以前輩們發明了一種比較安全的訓練方法，就是推手。

　　太極拳的推手就是把掤、捋、擠、按、採、挒、肘、靠、前進、後退、左顧、右盼、中定十三式中積極的技擊方法，在兩個人的推手過程中體現出來。

　　在推手上，我最主張的就是武禹襄的《四字秘訣》，這四個字就是：敷、蓋、對、吞。「敷」就是把對方整個兒罩住，敷住對方的勁。「蓋」其實也是這個意思，與敷差不多，差別在於，蓋更主動一些，在對方的勁將出未出的時候，把他打出去，把他的勁悶住。「對」和傳統的榫卯結構一樣，把火候掌握好、把老嫩掌握好、把對方力量的大小緩急掌握好，然後就和對方合鬥榫卯，把勁合乎尺度地放出去或者克制住。「吞」指的是在敷、蓋、對的基礎上，用神把對方籠罩住，把對方的勁力、神氣全部吞進自己這邊來。具體就是用兩掌把對方身體罩住，用雙眼把對方的神氣懾住，從內裡來說，就是用內勁、用氣把對方懾住。

　　太極拳說白了就是圈，大圈套小圈，錯綜變化，奧妙無

窮。總的來說，無外乎就是平圓、立圓、混圓三個圓，以丹田帶動，根在命門，腰做主宰，上下內外混成一圓。運動之中尋隙，一旦得其罅隙破綻，則順勢而入，如打閃紉針一般，克敵制人於頃刻之間。所謂打閃紉針，「打閃」形容其機、其隙稍縱即逝，如閃電一樣，「紉針」是說我見機而作，趁片刻閃光穿針引線，要當機立斷，該發則發，該放則放，快而準。這需要一定的技術和經驗，關鍵要心特別靜、意念特別集中。王宗岳先生在《太極拳論》中說：「虛領頂勁，氣沉丹田。不偏不倚，忽隱忽現。左重則左虛，右重則右杳。仰之則彌高，俯之則彌深；進之則愈長，退之則愈促。一羽不能加，蠅蟲不能落。人不知我，我獨知人。英雄所向無敵，蓋皆由此而及也。」說的就是這個理。

就王宗岳先生這段話，我想到了一個「小細節」，但卻是許多練太極拳的人需要注意的「大問題」，不可以不說破。王先生說「氣沉丹田」，練拳的人都有些感覺，至於丹田在何處，氣沉丹田時腹部等有何細微的變化，卻有很多人不甚明瞭。就我個人的經驗和感受，氣沉丹田之後，正確的做法應該是：小腹微微隆起而肚臍內收、往回吸，這很關鍵，不能往外凸出挺起，弄得大腹便便的。同時命門和丹田是貼的，微微發緊，相互吸住，這樣能夠防止練拳時丹田練出感覺後刻意向下沉，刻意鼓肚子。還有，練完拳還要注意腿部的放鬆，腿部的氣脈是最難通的。練完拳，很多代謝的垃圾也會下沉在腿部，如果不注意放鬆，腿部會受到損傷。許多練拳的人到最後腿都練壞了，原因很大部分在於此。

在太原、北京等地，我見過不少練推手的。在我接觸過的前輩名家之中，好手特別多，讓我敬佩的有三個人，一個

是葛書元先生，一個是孫劍雲先生，還有一個是崔毅士先生。當時葛先生在太原，另兩位都在北京。孫先生推手的特點是從不主動發放，特別輕靈，在推手過程中，等對方勁往外送的時候，對方會自己跌出去。崔毅士先生則特別善於發放。我在北京遇到崔先生的時候，他的腿已經不好了，坐在椅子上，鐵腿的椅子。他坐在那裡和別人推手，因為老發力放人，所以鐵椅子腿都是彎的。我還見到過很多人，推手時並不能讓人輸得心服口服。因為真正的推手，不使絆子、不用蠻力，擒拿技巧都不用，全憑藉訓練出來的技巧和聽勁、化勁的功夫，這本身就是一種訓練，也是一種修練。如果靠摔跤的一些技法、蠻力，即使把人贏了也不在道理上。早年在布華軒先生家，我遇到了許有德師父，趁一時之興想和許師父推推手，被許師父拒絕了。許師父說：「你個子比我大，我會沒優勢。」

　　這是聰明懂行的老實戰家。其實如果功夫差不多，身材高的肯定比身材矮的占優勢，能夠把對方罩住。

　　還有推手的時候，把人發出尋丈之外也是有的，尤其是太極勁作用在練過太極的人身上效果相對明顯，因為彼此都能吃住這個太極勁，而作用在沒練過的人身上，效果有時候並不如人意，不一定能打出這樣的效果。其實我想借這個事情說明一個道理，就是功夫不是魔術。雖然太極拳講究以慢打快，以小力勝大力，但這在雙方功夫懸殊的時候才有用，功力深厚的人能以小力勝功力弱的一方。如果雙方功夫相差不大，力量弱、體重小的一方不容易占優勢。現在在網絡上看到的那些所謂凌空勁、隔空打人，不挨人就能把人往外發，幾乎是不可能的，我沒見過，也沒聽前輩們說過。

拳法遺來本五行
——形意門話舊

心繫形意

20 世紀 40 年代，霍寶珊先生離開太原去東北參加抗聯後，我一直沒有找新的師父學習，一方面是情感上接受不了，另外一方面是跟著霍先生見的人多了，反而不知道要和哪位先生學。後來有一段時間我迷戀上了形意拳，就一心一意地想學形意。

「形意拳」這個名稱出現很晚，有的人認為從李洛能開始就叫形意拳，有人說應該是從李存義這兒開始。李存義是劉奇蘭的徒弟，參加過義和團。義和團在天津失敗以後，清政府開始圍剿，他就跑到山西避難。避難的同時就去了太谷找車毅齋先生和宋氏兄弟這些前輩，在那個時候，他和太谷的同門商量後提出「形意拳」這個稱呼。

還有一種說法，「形意拳」這三個字正式見於文字，是在孫祿堂先生的《形意拳學》，在此之前沒有這個提法，也沒有「形意」這個詞。當時拳師們都叫「心意拳」，不是「形」，而是「心臟」的「心」。「心意拳」與「形意拳」一字之差，意義卻相差很多，要說哪個立意更高，客觀地說還是「心意拳」這個名稱比較好。「心」與「意」不同，心

是本體，意是作用。「心」在拳式當中是無極式，混沌未生、陰陽未判的時候叫「心」，那是體。一旦有了念頭，有了動作，陰陽便分，就有了虛實，有了「意」，「意」就是造作。心與意合，就是明代王守仁先生說的知行合一。心與意合，氣與力合，相合能成一體，動中存靜，後天才能返先天。所以說「心」和「形」一字之差，含義完全不一樣。

但是如果從拳術上說，「形」又很重要，拳術必須靠肢體去表現，如果沒有形，沒有結構，意便也無從依附，沒有體現的地方。所以如果從拳術上來說，用「形」字，強調了形的重要，又是一種進步。可是如果從拳術修身或者修養的意義上來說，稱作「心意拳」立意更高，所以各有各的好處，不能簡單地判斷好壞優劣。

關於形意拳的創始人，有各種說法，最早說是達摩，而普遍認可的始祖是岳飛，約定俗成，不必細究。再往後有史可查的是明朝末年的姬際可，山西永濟尊村人。據說他在少林寺學過，後來在終南山發現了岳武穆的拳譜，清朝順治年間開始傳心意拳，傳到河南曹繼武、馬學禮，嘉慶道光年間又傳到張志誠、馬三元。

咸豐同治年間，山西祁縣的戴龍邦先生在河南信陽城東十里社開有十家店，學藝於李政明（也叫李政）。學成後編著了《心意六合拳譜》，序言說這個拳譜是在馬學禮的書齋寫的，此說真假難辨。後來戴先生回到了祁縣。戴家在祁縣是名門望族，明末的傅山和戴家來往就很頻繁，在傅山的書信上都可以得到證實。

戴隆邦將心意拳傳給他的兒子戴二閭，小字叫二驢，是說他力氣大。過去有句話說「只見戴家人打人，不見戴家人

練拳」，外人是看不見戴家人怎麼練拳的。

戴家在心意六合拳的基礎上加了五行拳，河南只有十大形，還沒有十二形。十大形也叫十大真形，戴家又加了駘形和鼉形，它的樁法就是蹲猴樁，也叫蹲猴式，還不是現在形意拳的三體式。戴家的拳講究陰陽翻、天地翻，練法以丹田為主，如子在母胎。以丹田為核心練內功，如翻丹田、射丹田、砸丹田等，身法上講究束展。

戴家的拳從來沒有外傳過，河北的李洛能先生聽說祁縣戴家有這個絕技，便專門來祁縣訪學。如果直接上門學，人家不教，他就裝成一個賣菜的，每天給戴家送菜。送了三年多，戴家人覺得這個人挺實誠。後來李先生提出來想學拳，戴家就找了個人教他，學了好幾年，也沒有學到核心的東西。又一年，正好趕上戴二閭的母親過壽，徒弟們都輪流表演助興，輪到李洛能的時候，練來練去就是半趟進退連環，其他的他沒學也不會。戴二閭的母親覺得過意不去，就說：「怎麼只有他練成這個樣子，既然說教，就教好。」

戴二閭是個孝子，他母親說出來了，他也就好好地教了。也有人說，除了戴家老太太說了之外，戴家的賬房郭維漢也說了情。教是教了，具體是誰教的，是直接和戴二閭學的，還是和戴家親戚學的，現在不好說。因為戴家拳在祁縣確實還有一支，與戴家是親戚，和戴家練的還不一樣，也叫心意拳。

李洛能先生學成之後，就從祁縣去了太谷，開始護院走鏢。當時太谷有個富商叫作孟綍如，他的故居還在，就是現在的孟家大院。孟綍如就請李洛能去護院。車毅齋先生當時在武家當車伕，見李洛能先生練功，功夫非凡，就偷著學。

後經人介紹，李洛能覺得這個人不錯，就教他。孟綍如先生看到這種情況，也就樂得成全，組織了拜師的儀式，讓李洛能正式在太谷收了徒弟，車毅齋是頭一個，緊跟著就是劉元亨、李廣亨、賀運亨，再就是從北京宛平遷來，在太谷賣鐘錶、修鐘錶的宋家兄弟宋世榮和宋世德，這些人物都拜在李洛能先生的門下，當時叫五星聚太谷，各自有各自擅長的地方。比如宋家兄弟擅長內功，功夫結合了《內功四經》。

宋家說《內功四經》是從石函裡面挖出的，但真正是哪裡來的也不好考證。他們家的拳法以《內功四經》為輔助，結合了形意拳的練法。車毅齋先生是車派形意的創始人，動作緊湊，嚴實輕巧，不像宋家那樣專門著意於發抖力。李洛能先生晚年回了河北，又教了劉奇蘭、郭雲深。郭雲深很有名，號稱半步崩拳打遍黃河南北無敵手。

關於李洛能先生的名字，有很多不同的說法。河北有的地方叫他「老能」，還有作「老農」，可能因為他曾經化裝成菜農。民國時期立的車毅齋紀念碑碑文上，用的是李洛能。但是「洛」字不符合河北口音，河北叫老什麼的很普遍，很有可能是李老能。老能在山西土話中就叫作老農，都是一個字，一個音。以上說的是形意拳的起源和命名，這些讀書讀來的或是從師長那裡聽來的人物典故和傳奇故事，讓我對形意拳更加嚮往，也更堅定了要學的心思。

太原城外的形意拳

我父親原來也練拳，練的就是形意，並且跟的是形意拳名家王福元先生。王福元人稱「鐵胳膊」，名號在太原響噹

噹。雖然我學拳的時候他早就過世了，但是說起他還是無人不知。王福元是河北形意拳宗師劉奇蘭的弟子，自幼隨侍，痴迷於拳術，為了保持童子功，終生未婚，習拳數十寒暑，盡獲劉氏形意拳之精髓，功力深沉，技藝精湛。有人說王福元當時在河北剷除惡霸，惹了人命官司，為了躲避官府，來山西投奔車毅齋先生。

其實，我當時聽說的是王福元先生參加義和團，在天津老龍頭殺了好多洋人，血透重衣，最後義和團戰敗，王先生就跑到山西投靠車毅齋。

不管什麼原因，反正來山西之後休養了一段時間，車先生就把他推薦到榆次給人保鏢護院。因為王福元先生與車毅齋先生、宋世榮先生都有交流，所以他的形意拳既有劉派的基礎，同時又有很多車派的精華。王福元先生這支在練法上，融合了山西和河北的兩種風格。工作之餘，王先生也授徒教拳，在榆次、陽曲一帶授徒甚眾，名噪一時。像榆次的彭映璽、王振綱、王繼武、鄭子剛、薄占梅，陽曲的穆修易、彭廷雋、劉士榮、齊振麟，太原的辛元先生，等等，都練得不錯。其中比較出名的有穆修易、彭廷雋、彭映璽、彭喜太，號稱「三彭一穆」。

其實，當時山西武術界練形意拳的很多，但是進太原城教形意的人不多。太谷的先生過去很少進太原城裡教拳，後來布學寬先生的徒弟張永義和梁煥章在太原的銀行工作，也傳了些人。太原周邊的黃陵有鞏崇富一支，也是布先生的徒弟，原來在太谷做買賣，後來回了黃陵。李復禎的徒弟在清徐一帶也有傳人，都在太原周邊。

「鐵胳膊」王福元就在榆次一帶，他的弟子裡面像彭廷

雋、穆修易等也基本全在城外，不進城教拳。即使在東山，甚至南門外教拳，也不進城。就算是彭廷雋、穆修易這樣的形意新秀，開始也不是以形意拳出名的。

比如彭廷雋，有龍門派的傳承，以道功為長，著重練內丹，他的功法練法都沒問題，致命的缺憾是他文化程度有限，對道家、內丹的認識沒有上升到一定高度，不能把精神和功法、性命與氣質打通融會。一方面只落在了形體、具象的練習上，一方面又執著於玄秘方術的探求。

他追求神通，追求長生，追求不死，痴迷於研究一些民間的方術，什麼定身術、百步捶之類，甚是邪門。除了這，還弄什麼五鬼駕車之類的法術，後來也死在了這個上頭，很可惜。他的徒弟有名的就是胡耀貞和韋成功。

穆修易也很出名。當時，穆修易在太谷的順民亨貨莊學徒做買賣，拜王福元學形意，是王福元八大弟子之一，又和車二師父等都有接觸，所以他的風格裡頭也有太谷的東西。學成後自己編了很多套路，像乾坤掌、伏虎拳，等等。

穆修易樣子長得土裡土氣，但功夫不錯，在國民師範教過拳，後來在太原中學、山西大學、太原女子師範都教過形意拳，所以傳人很多。

穆修易先生最出名的就是指力和胯打，指頭能捏碎核桃，胳膊上掛麻袋練功。有一次他回馬莊，背上背著個褡褳，馬莊有拴馬的石柱，他一時興起，往上一靠石柱子就斷了，胯功非常厲害。

之前馬莊有個大廟叫芳林寺，有一年冬天，廟裡來了個山東人，說要和穆修易比試比試，一看就是專門來山西找他比武的。穆修易先生一開始不答應，不和他比，覺得不認

識，沒啥必要。結果這個山東人就站在大門外連叫帶罵，無論如何要和他比。穆先生不理他，趁晚上就偷偷地去廟裡摸山東人的底細。潛行到山東人住的房間外，捅開窗戶紙看他咋練功的，一看原來是擅長橫練功夫的，練的鐵布衫，是外家的，穆先生心裡就有了底。

第二天，穆修易先生就同意比武，約好了比試的時間。在比武前，讓家人和徒弟們把院子裡潑滿了水，極冷的天，院子裡凍上了一層冰，滑得站不住人。等開始比試，因為這個山東人練的是硬功，上頭一緊下頭就鬆了，下頭不穩，而穆先生腿功好，下盤極穩，所以就占了便宜。穆先生已經看好了才同意比試，找到了人家的缺點。可見穆修易不僅功夫厲害，心眼兒也活，很聰明。

穆修易先生臨去世前腿憋脹得難受，便讓家裡人拿著大木棍子在他腿上用勁打，腿憋脹可能和他下的工夫太大有關吧，所以練拳還是得把握個度，把握住火候。平時「三分練七分養」，一點沒錯。這些估計和別人說的不一樣，晚輩們年齡小沒見過，或者為親者諱都是人之常情。

總之，當時學形意、教形意的這些人大都在太原城外，城內很少遇到形意拳名家的老師父。我堅決學形意，父親在城內甚至是家門口給我找老師也著實不容易。後來，父親說：「你跟著霍先生接觸了不少太極拳的名家，何不繼續學太極，更深鑽研呢？太極根基穩固之後再學形意也是一樣的。」

我就一根筋地迷上了形意拳，說什麼也不行，父親一生氣乾脆不理我了。過了一年多，父親突然和我說：「你不是想學形意嗎？」

山西形意拳名家

布學寬先生

布先生車毅

扁宗師高足一

先傳德授藝潭高

功深影響巨大 懷天

勳山西武術之發展

形意拳名家布學寬畫像（閻子龍繪）

形意拳名家穆修易畫像（閻子龍繪）

　　我說：「是啊。」

　　他說：「真給你物色了一位頂好的形意拳名家。前些時候託人介紹，遍尋不得。最近我自己很看好一位先生，也是踏破鐵鞋無覓處，得來全不費工夫。等我託人說定，就可以帶你去拜見了。」

　　看父親如此鄭重其事，我不禁暗自期待起來。問了父親這位師父的名諱，自己也開始留意起來，從一些老師父那裡打聽到不少訊息。

　　父親說的這位形意拳的師父姓辛名元，字少軒，原籍在山西北路代縣朔州一帶，非太原本地人，清末民初來的太原，家就在精營街。

　　辛元先生早年跟隨戲班裡面的一個武生學武，有武生的基礎，腰腿功夫很了得。後來到口外（外長城以北地區）當鏢師，跑馬走鏢，經歷了不少江湖險惡。在口外走鏢的日子裡，辛元先生慢慢厭倦了這種江湖生活，越接觸真實的現實，似乎越看不到希望。同時故老見得多了，對歷史真相的瞭解就更多，逐漸萌生了一些革命的想法。正好當時同盟會在晉北大同等地祕密發展勢力，開設拳房，收徒習武，培養革命據點。辛元先生就和當時的負責人李德懋等聯繫上，很快就成了骨幹之一。

　　1911 年 10 月 10 日武昌起義的同時，辛元先生跟隨李德懋等人率寧公團、義勇隊舉事響應，攻占大同。滿清政府派兩路軍進行鎮壓，一路由曹錕、盧永祥率領進攻太原，一路由郭殿邦、陳希義率領進攻大同，革命力量很快撤出了大同。辛元先生追隨李德懋由孤山至古城，與閻錫山部會合，經過修整、整編，配合閻錫山部重新收復太原、大同，把清

政府勢力趕出了晉地。其間，辛元先生參加了無數場大小戰鬥，有滿身的傷疤，臉上一個很大的刀疤尤其奪人眼神。所以辛元先生的功夫是打出來的，有極強的實戰性。

民國元年（1912年），閻錫山組織精武社，為其培養警衛人才和武術教官，由李德懋任社長，辛元先生被選在其中。民國九年（1920年），山西部隊進行大整編，精武社被取消，改編為技術隊，辛元先生被選拔為骨幹教官，與于鑑、葛書元及其他拳師一起，幫助李德懋完善了極具實戰性的八法拳、八法槍、八法刀等經典武術套路。

說到這裡，鑑於某些著作中的不實之詞和不嚴謹之處，我想提出一點我個人的懷疑。曾經有人寫了一篇文章，在書上、雜誌上都發表過，說穆修易和辛元比武，把辛元給打了，辛元找了一個江湖賣藝的叫李德懋，一起去找穆修易，結果又被打了。這篇文章就純屬胡說八道，李德懋是閻錫山的副官長，怎麼會是賣藝的呢？

世人盲從盲信到這種地步也是可憐，而寫作的人連基本的歷史知識都不知道，更是愚昧。

總之，這些問題究其原因，大多是由於練武的人文化程度普遍低下，又愛附庸風雅，自我抬高，實在是讓人憂慮。文武本是一途，前輩大師們無不文武兼通。如果實在不能通文墨，便好好向前輩看齊，把功夫練出個境界層次，也算有個成就。又或者實在受不了習武之艱辛枯燥，想在文字裡打混，那就不妨好好讀讀書，把前輩名家的傳記、拳論熟讀精研，在理上明白，也算是得先賢一體。

倘若武不成、文不就，信些道聽塗說，練些江湖把式，總是誤人誤己空忙一場，豈不可悲！

辛元先生的通背和形意

對辛元先生早期影響比較大的武術家是代縣拳師楊二疙瘩，這位楊師父的名諱，我已經記不清了，只記得辛先生說因為楊師父頭上長了個瘤子，所以都叫他楊二疙瘩。後來這位楊師父出家做了和尚，不知所終，據說入了五台山。也有人從長輩那裡聽說這位楊師父在出家前與閻錫山結拜過，也是不可考了。

辛先生和這位楊師父學的是十趟七星通背，辛先生因為在口外走鏢吃過不少虧，所以學習的時候極肯下工夫，不惜性命地苦練，把七星通背、五虎刀等學得精之又精，後來就憑此技在口外揚名立萬。後來我拜在辛先生門下，雖然主要是為了學形意拳，但這套通背拳，辛先生也是嚴格督促我學習，到他老人家去世，我才跟他學了兩趟，真是精雕細琢，極盡華美。雖然後來整套拳都和師兄弟們學完了，但還是跟著辛先生學的這兩趟讓我受益最大，所以後來我傳學生便以這兩趟為主。

說到這套拳，我也藉機多說幾句。七星通背，是以人的頭、肩、肘、手、膝、胯、足為七星，步法上走七星步，繞著走。頭、肩、肘、手、膝、胯、足七星並用，步法靈活善變，身法吞吐進退，所以叫七星通背拳。雖然叫作「通背」，但和市面上拍拍打打的「通背」又不太一樣，很有特點，實戰性很強。

七星拳裡面最有代表性的招法就是天地翻，一字手。有訣云：天地翻，一字手，撥浪鼓兒伏地走。一字手指上打下，虛實相生；天地翻來回轉換，陰陽相生。把兩隻手當成

一隻手去使，一虛一實，一實一虛，上下轉換，左右翻飛，宛如天地翻覆一樣。常見辛先生打人，一挨著就發出去，躲無可躲，逃無處逃。有不理解而請教的，辛先生就說：「我這是天地手，你肯定跑不出去。」

這其實是講一種技擊的理念，並不是單純的某種招法。說白了，手就是這雙肉掌，兩隻手可以分陰陽，分虛實，兩隻手當作一隻手使用，就不是單出單入這麼簡單，在招法上可以演變出很多動作。一字手是上下，天地手是兩手成圈，在圈裡來回變。撥浪鼓是左右虛實變換，像撥浪鼓一樣這邊過去那邊打，形容身法的靈活、勁力的彈抖。

通背者，通靈於背，在這套拳上體現得很充分，辛先生在這套拳上用功相當深。當時口外民風剽悍，好勇鬥狠，土匪山賊很多，又是重要商道，所以聚集了不少江湖人士。辛先生在口外保鏢，便以「一字手，天地翻」揚名，不少人物都敗在了他的手下，人送外號「金翅鷂子」。

因為在過去，通背還屬於長拳，所以也有人叫他「長拳一隻虎」。「金翅鷂子」是說他輕功好，「長拳一隻虎」是形容他的長拳剛猛。除了通背以外，辛先生還擅長八卦、黑虎拳、母子捶，自創花通背，中年以後直至晚年，專研形意拳。兵器上除了刀術，最擅大槍、胡平拐等。

辛先生自民國元年（1912 年）追隨閻錫山軍政府返回太原，並在精武社任職開始，就特別關注形意拳。形意拳原來是五行六象，河南最早是十大形，祁縣是五行十二形，到了李洛能學的時候是五行六象，十二形不全，李存義來了太谷以後才把十二形補全。所以辛先生向王福元先生學習形意拳應就是在這個時期，到民國五年（1916 年）王福元先生

去世，短短幾年之間已經頗窺形意拳之堂奧，連王福元先生
門下許多長年浸潤於形意拳的先進弟子也有所不及。

城內有名的還有董秀升，與辛元先生關係很要好。董秀
升先生，本名俊，字秀升，山西省太谷縣董村人。其先人曾
官至侍郎，以醫道傳家。二十歲時其父去世，董秀升先生除
了繼續行醫，便一心訪師習武，往來於京、津和深縣、滄州
等地，與劉奇蘭、張占魁、錢硯堂等先生都請教過，後來遇
到了南少林妙丹禪師的後人李志英，學了五行柔術。

五行柔術很豐富，有南少林五行柔術托推雲撢磨、五行
連環掌（其實托推雲撢磨連起來就是五行連環掌），有五行
拳（龍虎鶴蛇豹）、羅漢拳，還有對練的十二趟相手，加上
麻辮功、臥牛功、木球功、木板功、吊袋功五種輔助的練習
功法，很全面。

另外還有行遲功，就是站在那兒煉氣，手法單獨訓練，
有提牛勢、捉牛勢等，完全是傳統的南少林風格。後來結合
形意拳來教人，有他的一套東西。

董秀升先生形意拳曾從學於耿繼善，民國七年（1918
年）返回山西，又師事太谷宋世榮的公子宋虎臣先生，頗得
宋世榮先生的喜歡和指點。回到太原後，董秀升先生因醫術
超倫，被聘為山西醫院中醫師，後任中醫主任。剛開始住在
紅市街，後來遷居到純陽宮十四號。20 世紀 20 年代，太原
國術促進會成立，因為董先生擅長南少林五行柔術，又被聘
為少林門的主任。民國二十六年（1937 年）十一月，日寇
侵占太原後，董先生生活無著，情緒低落，又沾染上了鴉
片，民國二十八年（1939 年）便去世了。

這就是當時太原形意拳的情形，在城內能稱得上形意拳

形意拳名家董秀升畫像（閻子龍繪）

名家的還很少。加上辛先生跟隨王福元先生學習的那段時間，快速超過了練了多年形意的拳師，他沒考慮是他個人功夫根基深才進步神速，而是認為形意拳出功夫慢，又單調，對形意拳有些偏見，有些看不起。

20 世紀 20 年代初，劉殿琛先生受閻錫山邀請來太原授拳，在國民師範、閻錫山衛隊任教席。劉殿琛先生是形意名師劉奇蘭先生次子，名文華，字殿琛，後以字行，在家排行第二，所以江湖上也尊稱他為劉二先生。

劉殿琛先生剛來太原的時候，辛先生聽人說劉很厲害，是形意拳名家，但是辛先生對形意拳還是很懷疑。

有一天打探到劉先生在國民師範教課，辛先生就帶了一幫徒弟到國民師範，在校園裡點名要和劉殿琛比試。一幫弟子門人，加上那些想探探劉殿琛先生底細的，一起吵吵嚷嚷，看熱鬧的人也跟著起鬨，劉先生被逼得實在沒辦法了，就出來和辛先生動手。

辛先生從江湖到軍旅，蹚過死人堆，是在實戰中成長起來的武家，下手哪有留情面之處。可是與劉殿琛先生交手的時候，辛先生竟然完全施展不開。劉先生一個劈拳打出去，辛先生便跌個跟頭，一連被扔出去三次。等第三次摔出去的時候，辛先生徹底服了，就地跪下磕頭，請求拜師。劉殿琛先生看他氣宇非凡，當即也就同意了。後來辛先生又請了中介人，隆重地補辦了拜師禮。

那個時代的人，尊師重教的風氣還是很盛，但是也很少有人像辛先生對劉殿琛先生那樣的。當時辛先生在精營街住著一套三進的四合院，不知道是他的祖產還是後來自己置買的，很大的一個院子。給劉殿琛先生行過禮之後，名分一

定，就把劉先生請到家裡來，把最排場的那進院子送給劉先生住。之後又賣了一進，賣來的錢也拿來供養師父，照顧著劉先生的飲食生活。劉殿琛先生也是非常感動，毫無保留地把劉派形意的精華悉數傳授給了辛先生。

依照辛先生後來對我的說法，當時他對劉先生心服口服，為了專心學好形意，又下了一番實實在在的工夫，原來學的東西通通不練了。中年以後直到晚年，就以形意拳為主。這也是辛先生的決心，也是前輩見賢思齊、服善勇從的德行。不像現在的後生們，輕侮前輩，見善不能從，聞義不能徙，白白浪費了良材美質，錯過老師，錯失學習的大因緣，實在可惜啊！

因為辛先生有長拳的基礎，身法好，腰腿也好，所以練出來的形意拳和別人練的又不一樣，格外漂亮大氣。他後來的弟子中，當時有名的不少，但滄海桑田，時過境遷，現在為人所知的不多了。現在說一個叫郭培雲的，可能大家還知道些。郭培雲有個徒弟叫楊桐，我看楊桐練的拳路和辛先生的比較接近，還保留著先師的規模。

辛先生腰腿特別好，晚年睡覺還枕著腳，就是把腳抬起來扳到腦後，頭枕腳躺在炕上睡。坊間流傳著許多辛先生腿功的故事，其中一個說：

有一年冬天，辛先生晚歸，腋下夾著個包袱，順著汾河邊往城裡走，天寒地凍，夜深人稀，正走著呢，跳出幾個劫道的，上來要搶包袱。辛先生冷冷一笑說：「你們這種貨色也出來做賊，打你們還怕髒了我的手！」抬起腳打了領頭的那人幾個「比鬥」（註：比鬥，山西方言，耳光的意思），那幾個賊一哄而散。

　　辛先生輕功也好，走路特別輕快靈敏。冬天常在海子的冰面上練拳，能連著打幾十個二起腳和旋風腳，沉穩輕快又有力量，根本不會打滑。水性也好，夏天在海子裡游泳，岸上的人根本看不到他，因為他常在水面下潛行，閉氣時間很長。我還聽一些前輩和師兄們說，辛先生在澡堂洗澡，只有進去的腳印，沒有出來的腳印。就是說進去時在哪裡留下了腳印，出來還能踩著腳印倒回來，沒有多餘的腳印子，功夫好到這個程度。還能蠍子倒爬城，就是頭朝下倒著爬上數丈高的桿子。

　　再如辛先生練形意拳十二形，練龍形要跳八仙桌，就是在練龍形的時候，一跳就在方桌上了。練燕形要穿長條板凳，一掠而過，一下子便從板凳下穿過去。這說明辛先生身法好，速度快，柔韌性好。

　　除了這些，辛先生還有一個特點，就是出拳脆快帶風，這是我跟隨先生學拳後，見先生練拳時最直接的感受。他的拳出去就帶風。辛先生強調一點：「凡是打拳，柔勁也好，剛勁也好，都要有。」又說，「但要發勁，打出去就要讓人感覺到，看著就害怕。精氣神要出來，要嘛不練，要練就要驚人。」

　　他反覆強調的就是這些，無外乎要打出收魂攝魄的氣勢來，哪像現在這些一般的練拳者，鬆鬆垮垮地比畫。辛先生從來不主張那麼練，一旦練就把精氣神拿出來，就是不用力也要含著精氣神在裡面，要有騰挪之勢，發力要讓人感覺到震撼，把自己的身心靈魂都化在拳裡。起碼看著要有那樣的感覺，才能到運用的地步。如果練的時候都沒有那個將動未動的感覺，用的時候必定鬆鬆垮垮，沒有靈感，死撅撅的。

國民師範的武術教師劉殿琛

剛才說到劉二先生（劉殿琛）被閻錫山請來山西，任國民師範的教師。為什麼這個時候請劉二先生呢？背後其實有不少故事和原因，現在知道的人也不多，我姑妄言之，大家姑妄聽之。

張蔭梧

國民師範在精營街，當時的教務主任叫作張蔭梧，字桐軒。張蔭梧這個人是晉綏軍的高級將領，過去閻錫山說有十三太保，張蔭梧便是閻錫山十三太保之一，保定軍校畢業的，閻錫山這一批人馬大都是保定軍校的。張蔭梧在國民師範時對學生特別好，特別照顧，讓許多苦孩子也能夠沒有後顧之憂地學習和生活。尤其是他教育思想非常開明，不僅為閻錫山培養人才，還允許山西境內的共產黨進來學習。當時在國民師範學習過的學員後來不少都成了共產黨的將領統帥，比如徐向前等，都是國民師範的，都練過武術。

張蔭梧在國民師範的時候，任的是教務長，還擔任了其他的一個什麼職務。他喜歡武術，非常積極地推廣武術，是王俊臣的徒弟。國民師範第一個武術教師就是張蔭梧，他親自教，還寫棍術和拳術講義，編形意拳教材，由國民師範自己印刷分發給學生，有棍術、拳術等教材，這應該是在學校裡頭最早印發的武術教材了。後來因為軍隊的事務多，他顧

不上教授，便請他的師父王俊臣來國民師範教武術。

王俊臣，名慶豐，字俊臣，河北人，拜張占魁、李存義為師，也是劉奇蘭的徒弟。現在武術界都知道韓慕俠打俄國大力士的故事，這只是其中一個說法；還有一種說法是王俊臣打的，打的是俄國大力士康泰爾；還有人說是王子平打的。反正聽起來，好多人都打過這個大力士。到底是誰打的，沒人知道，但過去有很多人說是王俊臣打的。

民國二十年（1931 年）前後出版的《國術名人錄》裡面也有記載，這本書是一個姓金的韓國人寫的。王俊臣因為傳人少，後來慢慢地也就沒人知道了。

王俊臣在國民師範教了一段時間後回鄉探親，在途中被人暗算，死在了旅店裡。王俊臣死了以後，張蔭梧就聘請了李存義的次子李彬堂繼續來教。其實李彬堂是李存義的義子。李彬堂被請到國民師範之後，不久也死了。

關於李彬堂的死當時有好幾種說法，常聽到的是李彬堂病了以後，回老家養病，回去的路上發病死了。其實不是的，真正的死因我聽辛先生他們都說過，也和幾位在國民師範學習過的老師父確認過。

當時李彬堂在國民師範的時候，表演大桿子，讓學生們拿大桿子頂在小腹上，煉丹田腹打，幾個人拿著根大桿子一塊兒用力，頂在李彬堂小腹上，李彬堂丹田一發力便把人震出去。由於常常這麼演示，大家也習以為常了。後來有些新學生沒經驗，拿桿子往李彬堂小腹上頂的時候，用力不均，桿子頭滑到肚臍上，捅進了肚子裡，傷了臟腑。後來就一直在調養，但也沒有完全康復，民國十二年（1923 年）就去世了，才三十九歲，特別可惜。

張蔭梧畫像（閻子龍繪）

　　連續死了兩個教師，國民師範這才把劉奇蘭的次子劉殿琛先生從北京請了來。劉殿琛先生的技藝得自家傳，技精功深。但劉派的拳很特別，架子很高。據說是因為劉殿琛先生小時候學拳，練龍形老下不去，他父親生氣了踢了他一腳，正好踢在胯上，把胯給踢壞了，所以式子下不去，練的架子挺高，但是功夫很好。

　　劉殿琛先生來太原後，辛元先生便磕了頭，將劉先生供養在自己家，跟著學形意拳。可是劉殿琛先生在國民師範也沒有待幾年就走了，一來是當時太原武術界對形意拳沒有很深刻的認識，接受程度也不夠。像前面說的，辛元先生闖蕩江湖那麼多年，還對形意拳有偏見，其他人就更不用說了。而導致劉殿琛先生離開的，是這樣一件事。當時太原聚集了各派武術家，所以國民師範的學生見的人物也多，對誰都不服忿，尤其看到劉殿琛先生文質彬彬，穿著長衫，拿著文明棍，不像是個武人，就更不願接受他來教拳。

　　有一次上課，就有膽大頑皮的學生跳出來對劉先生說：「什麼形意拳，難學不說，還不好看，練來練去就這麼幾下，放不出去力量，完全不能用。」

　　說是學生，其實不少都是軍隊裡的兵痞子，蠻橫的也不在少數。加上過去練拳的人最怕人說這些話，所以劉殿琛先生臉一沉，挽起袖子，把長衫撩起來，說：「那就非得讓你實踐一下不可了，你看能用不能用。」

　　這學生也是愣，拉開架式就往劉先生身上招呼，劉先生就在這個學生胸膛上給了一個劈拳，打完，這個學生還嘴硬說：「沒事，不疼。這拳也不過如此。」

　　劉先生也沒理他。等下課後，劉先生把他叫到教員休息

形意拳名家劉殿琛畫像（閻子龍繪）

室，說：「你受了我一掌，也算是對你的懲戒了，以後對師長不要這麼無禮。」

拿起筆開了個方子，遞給他說：「回去抓上藥，喝上一個月看看，不行你再找我來。」

結果這個學生也是不知道輕重，根本不當回事，完全沒把劉先生的話聽進去。結果回去後隔了幾天，胸膛就泛出來了一片黑青。傷泛出來後，就有同學勸他趕快找劉先生服藥，但他覺得就是瘀血，能有啥事，打架磕碰常見的情況。可是隔了一個月竟然死了。死了以後家長心有不干，打聽來打聽去，說是和劉殿琛先生有關係，就追上門哭鬧逼問。國民師範的老師和辛先生都護著，可是劉先生覺得不好意思，又怕再鬧出人命來也麻煩，就悄悄地走了，去了五台山，據說出了家，後來也不知下落。

他們雖然在國民師範沒有把形意拳推廣開，但是卻推動了太原民間練形意拳的風氣，社會上好多人開始練形意拳。

辛元之氣節

辛先生性格特別耿直，大風大浪見得多了，凡是蠅營狗苟之人、不光明正大之事，任你是誰他也會不留情面，敢惹事更不怕事，江湖義氣加上軍人做派，給人感覺比較剛硬。

一般練武的，都會服那些有名望、有輩分的，而辛先生就不，他認為那是盲目信從，和愚夫愚婦的迷信差不多。他覺得文要能動口，武要能動手。武行裡頭，不動手試試怎麼知道高下？怎麼讓人望風拜倒？所以他在功夫上絕對不會因為誰名聲大就服誰，而是誰有真功夫就佩服誰。

形意拳名家辛元畫像（閻子龍繪）

　　山西國術促進會成立後，王新午先生任副會長，擅長太極拳、八翻手，相關的情況在前面已經介紹過，不復贅述。

　　王新午先生當時要求太原市內所有的拳師，凡是教場子的，必須加入這個國術促進會，並且必須向王新午遞帖子，不然你在太原開武館教場子的資格就不受認可。有人是出於仰慕，有人是迫於生活、出於無奈，各有各的目的，也各有各的難處，最後太原市城內城外，包括晉源、清徐一帶的拳師，幾乎全部都給王新午先生遞了帖子。

　　城裡頭唯獨辛先生一人偏不理睬，不要說遞帖子了，他還讓徒弟們或私下或公開地放出風去，說：「有本事把我打了，打不了我就不給你遞。」

　　一方面，辛先生有功夫和江湖上的名聲在，一般練武的人也忌憚；另一方面，辛先生與李德懋、閻錫山等辛亥革命的將領關係也很硬，王先生還真不能把他怎麼樣，也就不了了之了。因為這件事，在太原城裡不僅辛先生覺得有面子，便是那些弟子們也個個揚眉吐氣。

　　對國內的政要、武術界的大佬是這種態度，對日本人也是同樣的態度，這就是辛先生的為人和秉性。太原淪陷以後，日本人把杏花嶺強占了。閻錫山政府時期在杏花嶺聚集的拳師和武術家並沒有完全散去，還延續著練武和教場子的習慣，只不過被日本人監控著。當時演武場周圍到處都有日本人站崗，別的拳師，原本地位捧得挺高的，或者功夫很了不起的，要嘛遠遠地躲開日本人，要嘛暫時隱跡潛蹤，不敢再開館授徒，或者乾脆悄悄潛出太原城到外地謀生。

　　只有辛先生不僅照樣去演武場老場子練拳，而且以前怎麼著，日本人來了他還怎麼著。有的中國人見著日本人都是

點頭哈腰，辛先生從來不，見了日本人從來不打招呼也不低頭，昂首闊步，背挺得直直的。日本人也是奇怪，辛先生這樣瞧他們不起，他們反而對辛先生越發尊重，總是客客氣氣的。後來日本人請他教一些軍官和士兵中國武術，辛先生想也不想直接拒絕，別人替他捏一把汗，有徒弟悄悄勸他不必這樣，他把煙袋往桌子上一摔，瞪著眼睛就罵：「老子不怕，做甚也不做孬種。小鬼子能把我咋？大不了脖子上再多條疤！老子身上的疤還少嗎？」

後來我問過他，知道他確實不怕，不像有的人是做做樣子，而當時日本人確實也沒把他怎麼樣，這就是辛先生的氣節。反觀那些閻錫山在便媚閻、日寇來便媚日的「名家」，真是雲泥之別。

辛元與胡耀貞

辛先生瞧不起有名無實的，也不畏懼名震江湖的，有機會便會親自動手較量，一定要試驗一下對方的真假底細，這從某些方面來看也可以說是好鬥。當時在山西武術界，和辛先生交手切磋過的人太多了，其中有幾位都是聲聞天下的人物。前面說到劉東漢先生的時候，說了辛先生不服氣劉東漢「跺跺腳就把太原的地抖一抖」的話，鼓動徒弟們去把劉東漢打了。劉先生羞怒交加離開了太原，回了河北老家。

後來胡耀貞先生在報紙上登出告示，說要以武會友，不論是哪裡的好武之士，只要能打動他，他就「要盤纏給盤纏，要名聲給名聲」。敢說這樣的話，胡耀貞是何許人呢？胡耀貞是山西榆次人，形意、太極都頗精深，還是道家龍門

派傳承（霍成廣老道的徒孫，彭廷雋的徒弟），痴迷於內功丹法的研究和練習，尤其精於醫術。醫館門口掛著「以武會友」的匾額，開藥方落款也不寫自己名字，就寫「胡一俠」三個字，以示兼職行醫，志不在此，也是個奇才。積久功深，可能胡耀貞先生自己也想知道自己達到什麼程度了，所以才有登報廣求豪傑印證的事情。

但是話一傳出來就不好聽了，山西武術界很多人都覺得被小瞧和侮辱了。尤其像辛元先生這樣的剛直倔強的性格，一下子就火了。客觀地來說，胡先生的樁功加上太極、形意的輔助，一般人真的動不了他。可是話說回來，練拳不是站在那兒，人家打不動你就算你厲害，這其實是一種江湖習氣的表現，並不是真正的拳術，或者僅僅證明你有功夫而已，不能代表你的拳術多麼高明。

我後來也和胡耀貞先生學過，也是胡先生的弟子，若要客觀地評價胡耀貞先生，我覺得他江湖習氣很重。胡先生的這種江湖氣和辛先生的江湖氣不一樣，辛先生的江湖氣是愣、橫、剛直，但不會騙人，沒有欺世盜名。胡先生的這種江湖氣則表現在他有時會藉助一些手段、勢力，或者借一些平台環境去炫耀顯示自己，帶有一種虛榮成分，或者說是以技藝欺人的成分。但這是受時代風氣的影響，也是以前武術界常見的習氣，而胡先生的本領可是真本領、大本領，絕非一般人說的「江湖」。

辛先生看不慣胡先生這樣的言語做派，就帶著徒弟，拿著報紙應約找到了胡先生。辛先生讓徒弟上前去打，確實不容易打動，但打不動就晃，最後胡先生還是動了。被打動以後，胡耀貞先生沒有辦法就離開了山西，去了北京。

　　胡先生被迫離開太原，反倒成了一件好事，成全了胡先生。胡先生一到北京就出了名，因為在當時的北京城，沒人打得動他，號稱一指定乾坤，就是用一根手指把人一推，便放出去了。後來胡先生在北京的門人也愛這樣，打人就愛把人彈出去，加上了某種表演的誇張成分。說到底，他們的這種表演，根子都在胡先生那種炫耀欺世的江湖習氣上。

　　其實，在胡耀貞先生那兒，是真有這種勁，有點那個意思，也真也假。胡先生拿這些把戲唬唬人，多是為了炫技，若真拉開架子打，又是另外一回事兒，用的是真功夫，分得清清楚楚。而很多模仿他的人卻拎不清楚，把江湖把戲當作實在功夫，一動手就出乖露醜、穿幫漏氣。

　　關鍵就在於胡耀貞先生有實實在在的真功夫，並且功夫要比這類人高明得多。而模仿他的人遠遠沒達到那個層次，也學胡耀貞先生炫技、展示，不探究胡先生的真本領，結果淪為了表演和笑話。

　　既然說到了胡先生的「江湖習氣」，我再說一個親眼見過的例子。當時胡先生也住在橋頭街，離我家很近，有一次我跟隨幾個武術界的前輩和師兄到胡先生家裡去。到了胡先生家，有人請教胡先生如何發人。當時的房子不像現在俐索寬敞，胡先生家進房間就是炕，除了炕，放上一兩把椅子也就沒多少迴旋的餘地了。見有人請教，胡耀貞先生從炕上起身下到地上，指著炕前的一塊空地方說：「你站這裡。」

　　那人背對著炕站定，與胡先生搭手，胡先生抬手便把這人放到炕上去，反覆幾次後，年輕人都興奮起來，覺得太神奇了。回去的路上，有年齡大的師傅就說：「逗孩子玩兒的，白來一趟，沒見著真東西。」

　　我不解，回去找機會問辛先生，辛先生哈哈大笑，說：「確實是逗孩子玩兒的。」

　　見我茫然不解，他又說：「在家裡打人，比如你背後的椅子是炕，你面前有人給你力，一打把你打跌坐在椅子上，其實並沒有打多遠。你後面就是炕，受力後不往炕上倒，往哪裡倒？怪不得最近聽到人老說胡耀貞一觸便把某某扔出去多遠，甚至發到炕上去了。這不，全對上了。背後一尺就是炕，被人說成三丈遠。」說完又哈哈大笑。

　　我才恍然明白，裡面還有這樣的心思。當然，我相信依照胡先生的功夫，真較起勁來，一定能把人發出去，而我說這個例子，只是想說明胡先生確實愛使用一些江湖技巧。

　　辛先生和胡先生衝突之後，我內心一直很不安，覺得裡面可能還有我的一些緣故。我常想如果當時我是一個年齡足夠大、心智足夠成熟、閱歷足夠豐富的成年人，或許兩位先生也不至於這樣衝突起來。

　　我之所以耿耿於懷，是因為另外一件事情。因為我家和胡先生家都在橋頭街，算是半個鄰居，常有機會見面，所以也熟悉一些。加上他是武術界的前輩，我說話也從來不敢不誠實，所以頗得胡先生的喜歡。

　　有一次我在海子邊練拳，胡耀貞先生遠遠看見了，就走過來招招手叫住了我，說：「難得見到這樣用功的後生，歇歇吧，我有話問你。」

　　我收住勢走到他面前，閒聊了起來。後來他就問我：「還沒仔細問過你從過的名師都是哪幾位。」

　　我如實說了一下霍寶珊等先生的情況，當時我剛拜到辛元先生門下，就補充了一下說：「現在剛開始和辛少軒先生

學習形意拳。」

胡先生微微一笑說：「辛元光是腰腿好，沒功夫，不要和他學，我挺喜歡你這後生，有靈氣，你和我練氣功吧，不然跟著學這些就荒廢了。」

那時候還沒有流行「氣功」這個詞，所以我還沒有半點概念。胡先生看著我笑笑：「這是我研究的東西，給你看看，覺得好了我教給你。」

我點點頭後退了幾步，只見胡先生邁開步站了個三體式，定住式停了一會兒，邁步走開，指指腳下讓我看，我一看吃了一驚。當時海子邊都是土地，不像現在鋪著磚或者水泥，我們練拳跑步都是在這種裸露的土場子上。胡先生剛站過的地方，展展的兩個腳印，陷在地裡有一寸許，我看得目瞪口呆，覺得不可思議。當時我還是個十來歲的孩子，哪裡見過這樣的事情，立刻說願意學。並且也沒有個成算和忌諱，回去見了辛先生就吵著要學氣功。辛先生說：「甚是氣功？哪裡聽來的話？」

我就把海子邊胡先生的話和腳印的事說了一遍，說得太興奮了，把胡先生的原話也說了。辛先生聽完當時臉色就變了：「說我只是腰腿好？！跟我學就荒廢了？！背著我，當著我徒弟的面這麼糟蹋我，辱人太甚！」

我觀察辛先生的臉色和語氣，心裡咯噔一下，覺得自己也算是個讀書的人，怎麼轉述話也沒個剪裁呢？怎麼就沒個輕重呢？就算我再沒有社會閱歷，也知道辛先生心裡記住胡先生這次說的話了。後來胡先生登報印證的事一出來，辛先生就和胡先生發生了直接的衝突，胡先生也因此離開了太原。我不知道在辛先生那裡這兩件事有沒有關聯，但我一回

想起來心裡就很不安，幾十年了，常常反省。

當時我還是孩子心性，看辛先生並沒有反對我和胡先生學習，就逐漸和胡先生學起了氣功，日積月累的還學了很多。主要學習內丹、氣功及相關功法。後來辛先生反對我專門弄氣功這些東西，我很不理解，現在已經過去七八十年了，回頭想想，辛先生並不是否定氣功，而是反對捨本逐末。因為透過練拳，比如站三體式、練五行拳，本身就能練出這個內勁，內勁是由合理順遂的姿勢、身法，加上與意識的相合而自然生出來的，不是刻意地強調這個東西，更不能著意地去炫耀這些東西。

可惜辛先生去世六十餘年了，我才理解了他的苦心。只恨當時年少不更世事，常輕視根本而追求一些枝葉。

不論是劉東漢先生的事，還是胡耀貞先生的事，辛元先生先後兩次把在太原放大話的名家趕出了太原，或者說因為辛先生的兩次使橫，劉先生和胡先生都被迫去了外地。在山西武術界，尤其是年輕一輩的武術愛好者心裡，辛元辛少軒一下子就成了名人。

本地的都覺得揚眉吐氣，慕名來學的人越來越多，影響也越來越大。徒弟們越來越多，再加上年齡一上來，人那種自我約束的意識就放鬆了，說話有時候也隨意起來。

後來就發生了另外一件事，就是辛先生和薛顛也嗆上了，兩個人也約著動過手。只不過當時不許有人在場，動手的結果如何，一直是個謎。事情是這樣的，當時薛顛在山西武術界還不怎麼有名，因為他當時是一貫道山西教區的「大掌櫃」，在天津和太原間往返，主要精力都用在了一貫道上。他不參與武術界的事情，武術界的人也不怎麼關注他。

現在人們認為他名聲響亮，都是後來書籍和媒體的宣傳的結果。薛顛和武術界的交集在於，一貫道的信徒中有很多武術家，太原有很多武術家也加入了一貫道，但是武術家加入一貫道只是為了信仰，並不是為了武術的切磋和交流，不像武術組織一樣。

辛先生本身就不信邪，不相信那些神神道道的事情，加上一貫道還利用封建迷信欺騙老百姓，辛先生就更反感了。在一些場合就針對一貫道、針對薛顛說了一些批評的話，比如說薛顛「不務正業，不以武藝自立、建功立業，卻故弄玄虛，借封建迷信的把戲誘騙愚夫愚婦，欺世惑人。給李振邦先生丟人」。

平心而論，這些話都是正理，但有心的人就把這些話摻雜起來在中間挑撥，薛顛臉上就掛不住了，也生氣起來。但是，薛顛一來是顧忌自己在一貫道信徒中的形象，二來可能是吸取了劉東漢先生和胡耀貞先生的教訓，他沒有公開約辛元先生動手，而是讓中間人找了個地方，各自帶的信眾和徒弟們都在外面候著，不許進去。

後來二人出來，誰也沒說什麼。只是從那以後，薛顛對辛先生很客氣敬重，辛先生也不再評論薛顛的長短。辛先生晚年說起薛顛的時候，對薛顛參加一貫道還是很惋惜，但對薛顛的功夫很是欽佩。

大約在 1953 年，因為政府清查一貫道，登記在案的道首、點傳師、壇主一併被捉拿審判，壇口被悉數清除，薛顛也因此殞命。我想這也是辛先生不願意看到的結果吧。順便說一下，現在我們說的一貫道，在當時還不叫一貫道，叫作金丹大道。打著道教的旗號，其實夾雜了很多邪教的成分。

孫祿堂

辛先生不服氣、不畏懼、剛直耿介的個性，真是無以復加，除了上面說的事情外，還有一件事情也可以證明。在孫祿堂先生來太原的時候，別人不管虛實，尊重的報以欣喜，不服的也隱忍沉默。而辛元先生不然，他一定要試探一下孫祿堂先生的底細，不然不會輕易服氣。據辛先生和一些年長的師兄弟說，孫先生來山西本意是到太谷拜訪一些形意拳的前輩名家，因為在形意拳的傳承上，孫祿堂先生是李奎元的徒弟，李奎元又是郭雲深的徒弟，並且山西是形意拳的中心，外省的形意拳高手歷來有來山西訪學切磋的傳統。比如在孫祿堂先生來之前，我知道的有河北的李存義、王福元，都來過山西，他們都是劉奇蘭的徒弟。

孫祿堂先生是民國十三年（1924年）來的山西，當時他已年過花甲。有人說當時是郭雲深與孫先生一起來的，都是無根的傳聞。

據辛元先生說，孫先生來到山西，是要拜訪形意名家宋世榮先生。到了太原後，就暫住在董秀升先生家裡，純陽宮十四號，準備休整一下就去太谷拜訪宋世榮先生。可是當時宋先生在介休步二團任國術教師，不在太谷。孫祿堂先生便調整了計劃，準備直接去介休拜訪過宋世榮先生後再去太谷。然而準備動身的時候，被董秀升先生留住了。孫祿堂先生就暫時改變了去太谷的念頭，乾脆先在太原留了下來，寓居在董先生家裡，開始拜會太原城裡的拳師。

我當時還小，還沒學武術，沒見過孫先生。但我的師兄們都親眼見過孫先生的功夫，後來他們說起的時候，眼睛都

是亮亮的，臉上洋溢著激動和敬佩之情。

在師兄們講的孫先生的故事裡面，有這樣一個插曲令我印象最深刻。因為當時董秀升先生和辛元先生交好，又是形意拳的名家，所以一天董先生就帶著孫祿堂先生來辛元先生家拜訪。這是一件大事，所以辛元先生提前就把弟子們中練得不錯的都叫來，意思是讓大家都見見大名鼎鼎的孫祿堂，開開眼界，和現在年輕人追星的心情一樣。所以那天我的師兄弟們，練得好的、練得不好的，一窩蜂都到了，滿滿一院子人，站得整整齊齊迎接孫先生。

等孫先生到了辛先生家裡，分賓主先後進主房，進門的時候，張鴻亮師兄為孫先生、董先生他們撩著簾子。就在孫先生前腳跨進門檻還沒落地，後腳腳跟離地，只剩前腳掌踩著地的時候，張鴻亮師兄抬腿就是一個絆子。不知道是張師兄想私自試試孫先生的武術，還是辛先生授意試探，每次我追問起張師兄，他都笑笑不說話。

就我的判斷，在那樣的場合，沒有辛先生的授意，師兄弟們是不敢造次的。辛先生這種性格的人，讓學生試孫先生的深淺，也在情理之中。反正不管怎樣，張師兄說，他的腳剛接觸到孫祿堂先生的後腳，孫先生後腳一彈，張師兄就從門口飛到院子當中去了，不鬆手的話把門簾子都會拽下來，院子裡站的人還不知道咋回事呢，只聽辛先生在裡面吆喝了一聲：「外面待著，別進來了。」

等幾位先生茶敘完畢從屋裡出來的時候，辛先生就說：「你們這些後生，不知道天高地厚。不過孫先生同意讓你們開開眼，有誰想向孫先生請教的，就站出來，其他人往後面站站，把院子空出來。」

　　張鴻亮師兄莫名其妙地被彈開了，正覺得不服氣呢，聽到辛先生這麼說，第一個就站出來。其他師兄弟一看大師兄站出來，也仗著膽子起著哄出來了幾個。董秀升先生來的時候也帶了幾個徒弟陪同，他們看董先生笑吟吟的沒表示反對，就也站出來幾個，剩下的人就自覺躲開了。

　　據張師兄說，當時他們先是單個兒上，結果個兒挨個兒地全被孫先生撂倒了，根本不知道怎麼回事就出去了。後來他們幾個人一起圍上孫先生，還是不行，你根本看不到孫先生是怎麼動的，幾個人就全躺地上了。大家看得目瞪口呆，心服口服。等孫先生離開之後，師兄弟們興奮地議論著剛才試手的場面，張師兄說：「這是明事兒，都看到了還不算啥。我還有一個暗事兒，那才叫人佩服呢！」

　　就把門口使絆子的經過說了一遍，兄弟們才恍然大悟，一個個伸頭咋舌，不住地說：「怪不得呢，正奇怪師兄正撩門簾呢，怎麼一眨眼到了院子中央了。」

　　整個門裡的人都對孫祿堂先生特別佩服。

　　孫祿堂先生在太原逗留了月餘，然後去介休訪問宋世榮先生去了，在宋世榮先生那兒盤桓了一段時間。據說在介休的時候，孫先生又萌生了去太谷的念頭，宋世榮先生勸他說：「你這已經成名了，練得也好，就沒必要去了。遇到客氣的，點到為止，和和氣氣；遇到愣的，還不得傷和氣。」

　　尤其說到了李復禎，小名常有師傅，擅長駕鴦腳，個子雖不大，但是出手不留情面，五花炮、絞稍子、連二虎撲子、崩褙腳，專攻人的要害門面，又準又狠，防不勝防。多少名家好手來山西，都壞在了李復禎手裡。

　　過了一段時間孫先生便走了，沒去太谷，也沒再回太

原。孫先生離開山西的原因，外面的人都說是李景林在北京來信，催著孫先生早點回京。而山西的武術界都說是孫先生在山西越停留越有點忌憚，甚至直接說是忌憚常有師傅才離開的，其實當時常有師傅已經很大年紀了。各有各的說法，現在也沒法證實了。

拜入師門

由於我父親早年和王福元先生學過形意拳，辛先生也和王福元先生學過形意拳，所以兩個人本身就認識。父親又請了一個中間人，也是和王福元先生學過拳的，約好了日子，帶著五色彩禮就去了辛先生的府上。長輩們敘論起來，都很親近，辛先生很爽快地答應了。然後定了個好日子，在清和元訂了酒席，行了拜師禮。以前的拜師禮很隆重，大家都很重視，不光給師父磕頭遞帖，還要有遞帖禮，沒這個就是空帖。遞帖禮畢，再和同門師兄弟們相見序齒，見個大小，這就是基本完整的拜師儀式。

當時辛先生六十四歲，已經弟子成群，我才十幾歲，按照常理，我這樣年紀的「小徒弟」人家是不會要的，但由於我父親的關係，加上辛先生也喜歡我，我就做了辛先生最小的徒弟，也是他老人家的關門弟子。民國三十一年（1942年），我正式入了形意門，成了「惟」字輩的弟子。

拜師禮後不久，我就開始和辛先生學拳。這個時候，以辛先生的年齡、身體狀況以及威望，不可能再請到家裡來教，加上我年齡也不小了，可以自己去師父家學習，所以我主要就是在辛先生家裡學習。一開始還有人陪我去師父家，

後來我就一個人去。每次我都會早早地到辛先生家，早到的時候就在大門外候著，到了約定的時辰，才敢去敲大門。

走到辛先生住的那進院子，還要再等一會兒，確定先生是不是起床了，是不是洗漱過、用過早餐了。然後再進門，進到先生房間先行禮請安。常常去請安的時候辛先生還在炕上躺著。因為從小叫教我讀書識字的老師為「先生」，叫霍寶珊先生為「先生」，一直覺得叫「師父」很彆扭，所以我沒像其他師兄弟那樣叫辛先生為「師父」，平常還是叫「先生」，辛先生也不介意。

一開始去的時候，辛先生在炕上躺著，我行禮說話，他也不理我。父親說：「辛先生近年身體不太好，他需要常臥床調養。另外這也是考驗你，反正不管先生什麼態度，你就給我恭恭敬敬地站著等人家，不要給我造次。」

每次我就站著等，等啊等啊，他就睡，不睡的時候也不理我，也不動，就在炕上閉著眼躺著。這樣過了好長一段時間，有一天我站在那裡心裡正鬱悶，辛先生突然問我：「想學點啥啊？」

辛先生沒睜眼睛，眉毛挑起來動了幾下，我一時不知道該怎麼回答。他接著說：「你以前不是練過嗎？你練練吧，我看看。」

在他炕前，我把自己覺得得意的東西拉出來幾個架式，走了幾個動作。辛先生看了又閉上了眼，說：「這沒用。」

然後又不理我了。我心裡更鬱悶，這些動作裡有少林拳，有太極拳，辛先生竟說這沒用。想起霍寶珊先生是那樣和氣慈祥的師父，辛先生的態度讓我很是沮喪，除了個人的委屈之外，還覺得自己給霍先生丟臉了。下一次再去，看他

還是不理我，我就自己主動說：「師父，您問我想學點什麼，我想了，我想學學您的炮捶和通背。」

辛先生說：「你還算識貨，通背是我成名的本事，炮捶是和于鑑先生換藝換來的，都是貨真價實的好東西。不過你先不要練這些，你練形意拳吧。」

說完下炕給我擺了個三體式，說：「你練這，這個好。」

我照樣站了，他給我正了正身體結構，說：「站著吧，別動。」

從這次之後，每次去一樣是不理我，我就擺好三體式站在那裡，隔一段時間捏捏架子，改改結構，隔一段時間再調整一下，除了三體式啥也不讓幹。

後來學校功課多，我上午不能去辛先生家學習，就改成下午放學後去。後來又只有上午有課，下午沒課，如果沒有特別的事情，索性整個下午都待在辛先生家裡。連著一年多，天天去了沒別的，就是練三體式。

先生其他的也不教，也不吭氣，他在炕上躺著，我就在那兒站著。什麼時候他躺累了，也就是翻個身，和他說話還是愛理不理。如果是旁邊有其他師兄弟或者別人在的時候，他和別人說話也不和我說，就讓我在那兒站著。

我不敢動，也不敢有什麼情緒，回去的路上就胡思亂想，越想情緒越低落。覺得天天下午這麼跑來站著，太枯燥，實在是不想練了。但是又覺得想學形意是自己和父親要求的，當時要學好的決心也是自己下的，現在師也拜了、頭也磕了，如果不學了，這也太丟人，和誰也沒法交代，只好硬著頭皮繼續站。站著站著突然有感覺了，功夫就在不知不

覺中打下了基礎，那是實實在在下的工夫。

　　比如大冬天站三體式，那時候家裡最多一個煤爐子，哪裡有暖氣、空調這種東西，穿的又是既笨又厚的棉襖棉褲。剛到辛先生那裡，感覺房間比院子裡還冷，先生蓋著棉被靠在炕上，我站在那裡。一開始手腳冰冷，過一會兒便會渾身熱騰騰的，繼續站就會出汗，汗出得越來越多，順著裡面的襯衣和襯褲往下流，棉襖、棉褲底下滴著汗水，水又在褲腳變成冰。這個過程我一點也不鬱悶煩惱，反而身心愉悅，發自內心地興奮。外面冰天雪地，而我這裡指尖春滿；窗外一片肅殺，我這裡生機盎然。我甚至想喊叫出來，想蹦跳起來，但我依然安安靜靜地站著，辛先生他老人家也安靜地躺著，偶爾瞥我一眼。從清晨戴著日光來，到黃昏頂著星光走，我們甚至不說一句話。

　　從一開始覺得枯燥、覺得難熬，到最後覺得享受、覺得歡喜，我也不知道這個變化是如何完成的，也不記得是什麼時候完成的。總之有一天，先生坐在床上看著我哈哈大笑，我也哈哈大笑。那一刻，先生的一切我都懂，而我的一切先生也懂。那天回去的路上，像要下雪的樣子，街上幾乎沒有人，偶爾有一輛人力車經過。我腿肚上的肌肉還在突突地顫抖，手臂的酸麻還沒有消除，但我覺得很幸福，一路上淚流滿面。

　　現在我也老了，九十多歲的人，以前的好多事情都記不得，但是還時常想起先生讓我站三體式的情形。有時候做夢也會夢見先生教我站三體式，在先生家裡面，他在炕上躺著，我在地上站著。他不動，我也不動。唉，我的恩師啊，辜負你了！

師父、師娘和師兄弟們

那段時間讓我記憶深刻，下的工夫也對我實實在在有幫助。站了一年多三體式，算是把樁功練出來了。但是要說有什麼感覺、自己的感覺對不對，辛先生也不說。

過去人教拳可不像現在，師父喊著讓你記住這個記住那個，徒弟一個動作都做不到位，還天天追著師父讓講用法，追問些玄秘不可說的空理。過去教拳，師父教徒弟，我怎麼練你就得怎麼練，必須和我練得一模一樣，要是走了樣，就不算是我的徒弟。而不是我怎麼說你怎麼說就可以了，說有什麼用？最起碼是師父在的時候看你練，必須和師父一樣。至於將來徒弟出師了，甚至超越老師了，找到最核心的東西，當然可以變化，並且這時候的變化等於不變化。所以變化是允許的，只是看火候，看層次。

實際上來說，大部分人或多或少還是有變化的，否則就沒有那麼多流派了。但是師父教的時候，沒出師的時候，必須先學師父的樣子。所以辛先生當時其實只有一個要求，他讓你咋站你就咋站，什麼也不要問，站著就對了。

這是和辛先生學習的第一年，在這一年裡我們雖然交流不多，但是卻莫名其妙地熟悉了，也逐漸地相互習慣。從第二年開始，辛先生時不時問我幾句學校的情況，興致好的時候也坐起身來和我聊會兒天。但是整體上來說，辛先生給我留下的印象就是話很少，好靜不好動，沒事兒就在炕上躺著。睡覺不睡覺都會把一條腿扳起來，腳枕在頭下。枕一會兒左腳就換右腳，枕完右腳就換左腳。或者左側睡就枕左腳，右側睡又換右腳，這麼輪換著。

　　來辛先生家裡學習的時候，師娘一般不進來，在別的房間做針線或者別的事情。在站樁辛苦的時候，我最盼的就是師娘進來。師娘是滿洲人，老太太很精神，不像我祖母和母親那樣裹著小腳，她是大腳板，性格特別好，對每個師兄弟都相當溫和。看到師兄弟們來了，不論是誰，師娘都會說：「哎呀，不要站在那兒，坐、坐、坐！坐在炕上，坐在椅子上。吃棗子，嗑瓜子⋯⋯」

　　師娘一進門就張羅著讓我們坐啊吃啊，但是辛先生不吭氣，我們誰也不敢坐，誰也不敢吃，大氣都不敢出，這是規矩，也是我們對先生的敬重。看到我們這樣，師娘就會罵辛先生：「你個病老頭兒，把孩子們管成木偶了，讓孩子們怕你就這麼好嗎？」

　　先生沒辦法，就擺擺手，說：「坐會兒吧！」

　　讓我們坐，但依然誰都不敢坐。辛先生看我們不敢坐，本來是躺著的，便起身靠坐著。就算是先生坐起來了，我們也不敢坐，當時的規矩就是這樣。師娘就會繼續責備先生，辛先生皺皺眉，對我們說：「趕快坐一會兒，別讓你師娘再嘮叨我了。」

　　我們才敢輕輕地坐在椅子邊上、炕沿上。

　　所以後來只要是師娘進來了，讓我們坐，我們就坐。給點瓜子啊、糖啊，倒杯茶水啊，我們也就敢吃一口喝一口，趁機休息一會兒。所以我站樁或者練拳辛苦的時候，就盼著師娘趕快進來。奇怪的是，師娘也像是算準了似的，每到我們覺得累的時候，她就會提著茶壺出現。師兄弟們心裡都明鏡似的，都知道這是師娘心疼大家，所以都格外感恩和孝順師娘。

　　當時這些師兄們平均年齡都在三十歲上下，我是最小的。其中練得好並且出名的就是郭培雲師兄，後來在大同、內蒙古這些地方活動，給辛先生開出一支，算是同門中的豪傑了。

　　練得最好、和我感情最深的是張鴻亮師兄，張師兄也是辛先生最得意的一位徒弟，當時張師兄已經工作，是清和元後廚的大師傅。因為這個職業的緣故，每到中午或者下午，張師兄都會提一個食盒來辛先生家。打開食盒，裡面有鍋塌羊肉、黃燜丸子等，聞著香，看著饞。天天如此，啥好吃的都給送到先生府上，孝順先生和師娘，所以先生教的東西也多，這也是人之常情。反過來看，張師兄也學得紮實。不像有的人，老師教得多，自己得到的少，或者老師教了也嚼不爛。張師兄是老師給多少，他就想辦法做到多少，實在是辛先生門下的顏回。

　　不過張師兄有一個習慣，無論怎麼說就是不練形意拳，辛先生咋說他也不練，就專門練炮捶、通背、長八卦、母子捶和長拳，兵器就是喜歡大槍。讓他站椿、打五行拳，他覺得枯燥得不行，但你讓他敞開了練一趟炮捶，他立即來精神，在院裡的土場子上練開炮捶，地還抖呢，窗戶都嗡嗡的。張師兄塊頭特別大，又高又壯，可惜一輩子沒結過婚，沒個後人。

　　除了辛先生的弟子門人之外，常來辛先生家的還有董秀升先生的弟子們。董先生去世以後，他的那些徒弟，像劉毅、李桂昌、李錦文，還有穆修易的徒弟張安泰、國民師範的龐維國等，都常去辛先生家，也都和辛先生學過。

　　這些人裡面就有一個特別的，我們姑且稱呼他為「金丹

先生」吧。此先生經常琢磨一些神神怪怪、自欺欺人的東西。他喜歡幹啥呢？新中國成立前在辛先生家，一會兒要練內丹，一會兒要練這，一會兒要練那，總之已經脫離了基本的拳術理性。當然，他理解的內丹和正經的道家及咱們現在理解的都不一樣，他認為肚子裡真的有一顆丹，能成金丹大道。他不僅僅當時這麼想，後來還教人，這種想法不知道害了多少人。金丹先生在辛先生那裡就說自己肚子裡這個東西在轉，那個東西在行，一會兒這裡的氣凝結了，一會兒那裡的氣又融化了。

辛先生看在他師父的情分上也不理他，任他在那裡胡扯。等他走了之後，辛先生就和我們師兄弟說：「不要理這個人，走火入魔了，胡說八道，別是加入了一貫道這種邪教，受了蠱惑。」

後來有人一打聽，果然這位「金丹先生」入了一貫道，還是很狂熱的一分子。新中國成立後政府清理一貫道，他在朋友和徒弟的保護之下躲過一劫，本應該洗心革面了，誰知新時期之後，趁著社會上氣功熱的時機，立即把民國時候一貫道那些髒東西又拿了出來，糊弄了不少人。他甚至杜撰家世，把一個受苦的硬說成富商家庭，弟子徒孫也傳頌在口，不僅不怕出醜，反而暴得大名。果然是物以類聚，渣滓浮泛，這類人無論什麼時代都像逐臭的蒼蠅一樣成群聚堆。

從拳理上講，我們承認內家拳有很多神妙的地方，但畢竟都是人，要實事求是地去說。雖然透過「技」可以「近乎道」，透過拳術的練習可以達到某種神妙的層次，在這個層面上內家拳可以說是道的一種載體，一種表現的形式，但它首先是一種技擊藝術，而不是魔術法術。

三體式

　　站樁到第二年，辛先生開始教我五行、十二形、五虎刀，然後陸陸續續教了好多東西，這才紮紮實實地學了點功夫。不過應該向學生和社會說明白的是，我的通背、炮捶、母子捶，都是從師兄張鴻亮那兒傳下來的，辛先生並沒有親自教這些。因為辛先生一開始看到我少林和太極的基礎後，就不主張我學這些。他反對一邊演示動作一邊講解，他說：「口開神氣散，邊練邊說，損人元氣。」

　　所以他要嘛就只說不練，要嘛就只做動作不說，絕對不會邊練邊說。而且一個動作最多只練三遍，你要是學會就罷了，沒學會就對不起了，不會教第四遍。你自己想辦法，或者下次學新東西的時候再請求請教，他才再告訴你。你要指望當時一下學會，那是不可能的。

　　辛先生的身體和性情這麼特殊，所以我能把五行、十二形學完，真是很不容易。另外，雖然學下來了，但是我當時的興趣卻不在這上面，不太喜歡練，畢竟當時年齡還小，總覺得這東西比較枯燥。等後來練得越來越深入了，才瞭解到其中的真味。

　　辛先生教形意拳，首重站樁。樁功裡面辛先生又首選三體式。他形意拳的精髓是受自劉殿琛，所以劉派的三體式又是首選中的首選。劉派三體式有這樣一些特徵，首先是小臂一定與地面保持水平，整個手臂呈一百三十五度。前胳膊肘一定是撑著的，肘子往裡合，腕子往回扣，小臂形成一個撑勁。再一個，三體式也好，五行拳也好，劈、崩、鑽、炮、横無論你怎麼用，肘窩這個點始終不動，假若肘子一翻，勁

就散了。其次就是胯正肩斜，腰動胯不動，讓背部也形成一個拉力。

不是常說「雞腿龍身熊膀虎抱頭」嗎？雞腿，一是說要形成一種夾力，膝蓋的合力，雞腿要有個裹的力量，腿往裡裹，小臂也是往裡裹，道理一樣；一是說重心有虛實。龍身呢，要做到三折，胯必須吸回去，形成腿、身、臂三個折。龍身也要腰動胯不動，叫作扭身吊胯，形成一個整體。身法上很注重拔背，不能練成駝背，其關鍵在於胸要提，肩要往開拉，背才能拔。

辛先生很反對駝背，說力由脊發，脊柱不展，力就不能通透，於身體也無益處。至於氣，辛先生沒有以三體式進行明確的闡述。其實，格式對，氣路自然就通了。而且在當時的前輩中，不只辛先生一個人不講，很多老先生都不講，哪像現在的一些書，一說到內家拳就是氣啊什麼的。

其實，三體就是三才，三生萬物，是多的意思。「三」為變化之母，它本義是這個，並不是後來人們所說的什麼前體、後體、上體、下體、左體、右體、總體，真是不知所云。拳譜裡面早就說得很明白了：「道自虛無生一氣，便從一氣產陰陽，陰陽再合生三體，三體重生萬物長。」本身三體式就是其他式子的母式，變化之母，是這個意思。

三體式在人體上、在拳術上就是「三節」：根節、中節、梢節。口訣云：「明瞭三節多一力。」就是說如果明白了三節的道理，發力時自然能打出整勁來。

從實戰角度講，三體式的步子是更接近實戰的一種步伐，全世界的格鬥姿勢基本上都是一手在前，一手在後，兩腳前後分開，不會站成馬步。祁縣戴家蹲猴式是並著腳站，

練拳基本上是弓箭步。但是三體式是雙腿前後分開，重心要嘛在後腿，要嘛在中間，絕不往前腿放，沒有弓箭步，並且兩腿都是彎曲的。而且從手上看，三體式和戴家蹲猴式已經有了本質的區別。

從拳術實用性上講，三體式本身就是一個很大的進步，過去的武術門派裡面很少把一個動作作為樁功。選三體式做樁功，除了出功夫快之外，也因為它還是最接近格鬥狀態的一個式子。依照老拳譜，這叫「鷹捉四平，足下存身」，又叫「展開四平前後梢」。「四平」是四平架，古人一實戰就說先拉個大四平，三體式是最像四平架的架子。

在 20 世紀 80 年代前後，有一位吳殿科先生考證三體式，說是李洛能在太谷銀號裡面看到有店夥計騎在木案上用夾剪剪銀錠，受到了啟發，才發展了三體式，所以三體式也叫鉸銀步。說實話，這個是牽強附會了。

這些年舉國重商，有些人如傻似狂地追逐著錢和利，安徽人就只知道徽商，山西人要不說說晉商就好像沒文化一樣，什麼都要和晉商、票號掛上鉤，好像山西這幾千年的文化精華都在票號裡，實在是斯文掃地。現在講個拳術，講個樁都要和晉商聯繫起來，這種趕潮流、蹭熱度的做法，看似抬高了前輩們的武術，其實是貶低了整個武術界。

形意拳拳理精妙，動作簡潔，實戰性強，之所以能廣泛傳播，和拳術的自身優點還有那個時代有關，有沒有商人都會流傳和發展，不要什麼都和晉商扯上關係。

辛先生講五行拳，最是言簡意賅，形象生動。他用五個圓來說明五行拳，說好比身體前頭有一個大球體，在這個球上有五個不同方向的移動軌跡，這就是五行拳力的軌跡。比

如身前立圓由內向前向下運動為「劈」，由內向前向上為「鑽」，由內向外向前為「崩」，由內向外向上為「炮」，而在立圓中任意一點加以鑽翻便是「橫」。總而言之，處處不離鑽翻，四拳皆由橫生。

那麼，身體前面這個球靠哪兒帶？當然是靠丹田，由丹田的轉動帶動外面這個球的轉動，內動帶外動，外動帶內動，內動催外動，外動引內動，是互相的作用，這是一種理解極其簡明直截的思維方法。所以練五行的時候一定要有一個意識：圓一定要畫滿。

劈拳是一個完整的立圓，圈不能畫半個，練的時候可以分解開，用的時候必須要畫完，起落完整一氣，才能把人放出去。把握好這個，形成習慣，一收一放，一束一展，說劈拳能把人打倒，一點都不奇怪。往倒裡打，往回帶；往遠裡打，往外走，都是這麼個立圓。炮拳往上這麼一掃，橫拳關鍵在後手，兩隻手一出一入形成一個循環。五行拳一定要做到所有的圓都形成一個循環，不能成為一個半圓。

有人說太極拳打不了人，原因正在於此，大部分人在化完了以後不往外發，化發本身是一體，如果有化沒有發就不成一個圓，不能把人發出去。練太極拳如果再有斷續，就更形不成一個完整的圓。可惜大部分人只化不放，只完成半個圓。

這是說技術上，五行的另外一個關鍵點是在接手的時候，肘必須沉下去，小臂必須立起來。舉如扛鼎，落如分磚。舉如扛鼎，是說肘手用力的方向方法，扛東西肯定不能橫著扛，那是扛不起來的。而接手為什麼要豎著呢？你看橫著接的話接觸面這麼大，而豎著接接觸面就減小了許多，再

加上螺旋，對方的力很容易就偏了，這都是有科學原理的。這是外形，裡頭還要以丹田帶動，這個也有很深的意義。

為什麼要丹田帶動？這就牽扯到了先天後天的問題。如果沒有裡頭的功夫，人就做不到這個。要形成本能，合理的結構裡頭自然有東西。

話說回來，裡面有了東西以後，才會形成這種自然而然的結構，也是最合理的結構。從外到裡，從裡到外，有了功夫，習慣就成了自然，就合乎了自然。

辛先生對五行十二形的理解很簡要。五行練啥？五行練勁力。十二形練啥？十二形練身法。核心的就這兩點——勁力、身法，速度和力量便在其中了。

形意拳立意很高，往上說，說到形而上，一個無極式便可以說到混沌未分、陰陽未判之時空、狀態、感覺。《中庸》云：「喜怒哀樂之未發謂之中。」《道德經》云：「常無慾以觀其妙。」太極式是「一氣生陰陽」，當下便有了虛實，意動形隨，有陰陽，但要相合，矛盾要統一，順逆是互生的，剛柔是相濟的，上下是相隨的，也就是《中庸》所謂的「發而皆中節謂之和」。

然後三體式，是陰陽又生三體，前面講三體式時說了，「三」是變化之母，拳經所謂「道自虛無生一氣，便從一氣產陰陽，陰陽再合生三體，三體重生萬物長」。《道德經》所謂「道生一，一生二，二生三，三生萬物」是也。三體又生什麼？生五行。五行者，指金木水火土，五行非是五種具象的物質，而是五種性質，此五種性質在拳術上就是五種勁力。內通五臟，外在表現是五個動作，五種勁力的轉換變化，五種運動軌跡方向。

其實五行在拳術，是把很多複雜的動作全都濃縮、概括、凝練在五個不同軌跡、不同方向、不同角度、不同勁力的拳勢當中，這本身就是一種高度概括，是抽象的思維，是極高明的哲學。就像我們自然界萬事萬物都可以拿五行去概括那樣。現在好多練拳的把套路越變越多，其實是把簡單、簡約、簡明、核心的東西複雜化、表象化了，可以說是一種退步。形意拳的五行十二形立意高就高在這裡。

辛先生在五行裡最重視劈拳和崩拳，五行裡劈拳屬金，崩拳屬木。金生水，木生火，金公，木母，抓住主要的練。內丹裡說水火既濟，其實關鍵在於金木相合。從修養上說金是性，木是情，劈拳和崩拳可以改變性情，這是真的。再從技擊上講，劈拳和崩拳也是用得最多的。

前面說了五行，那麼十二形呢？就是遠取外物，模仿十二種動物的形象。你只有這五種性質還不行，有了五行以後，便有了《管子》所謂的「虛無無形謂之道，化育萬物謂之德」。萬物之化育，自然界便形成好多生命，好多生物。而有生命的東西，各有各的長處，這是丹道上強調的先天後天問題。像其形，取其意，如龍形，起伏升騰，從氣脈上講任脈通；虎形，練坐勁，從氣脈上講督脈經。當然任督勁之通之用，也不完全是靠一個龍形一個虎形，看你怎麼練。

塌腕打的時候，力量在前頭，走的是任脈勁，也叫陰勁。如果是挺腕往前下方打，打的就是督脈勁，叫陽勁。兩種勁打出去效果也是兩種，比如陰勁打出去是寸、沾、按、吐……則一個動作當中又分了陰陽，有陰陽之別。十二形也各有它的長處，比如猴形是梢節勁，靈活；燕形走的是下勢，各有所長。

　　用性命學說講，十二形就是遠取外物，五行是近取諸身，象其形取其意，而歸結到最後用於實戰時，辛先生便不說五行十二形，只講八個字，叫八字功：斬、截、裹、挎、挑、頂、雲、領，其實是八個勁力、八個角度。

　　「斬」是劈拳的勁，自上而下，劈拳的勁或自上而下的勁，都可以叫斬。

　　「截」是鑽拳的勁，從上往下堵住對方，就好比對方拳來了，在其拳將進未進的時候，以截勁將其阻斷。

　　「裹」是橫拳勁，無論裡橫外橫，包括掩肘，都屬於裹勁。

　　「挎」是崩拳勁，有人說應該是「胯」而不是「挎」，其實稍微思考就可以明白，「胯」是身體部位名稱，不是動作、勁路名稱。八字功其實是八個動詞，所以是提手旁的「挎」字。那麼「挎」究竟是什麼，崩拳怎麼像挎呢？其實說的是打崩拳時，意在後手，不只在前手，有了後手才有前手的打。後手的「挎」是直直地往回拉，從前往後走的叫挎勁。

　　「挑」是蛇形勁，自下而上。

　　「頂」，說的是炮拳，從內往外。

　　「雲」，從中心往左右的勁叫雲，與太極拳中的雲手道理一樣。

　　「領」是從前往後打，燕形的這個領手，好多人不看後手，其實是要看後手，有了後手，這個手方是領手，勁往後走。

　　這八個字建立的前提無外乎兩個要素：中線和螺旋。無論是往前往後還是向左向右，起的時候都必須在中線。起在

中線，落還在中線，那就是燕形。時刻不離中線，鼻子必須找到指尖。鼻子是中，這是點，鼻子與手兩點連成一線，出入必須在中線。

所謂螺旋，就是擰裹轉翻，必須用這個螺旋勁才能保證技術的運用。而有人把五行十二形編成了套路，這是一種固化的思維方法，把好的東西庸俗化、具象化、淺薄化，失去了許多可能的變化，活的變成死的，實在可惜。

辛先生的這些理念和理論，對我幫助極大，不僅讓我快速抓住了形意的根本，還觸類旁通地明白了太極、八卦的要領，學習起來得力多了。最後用功比別人少，而長功夫卻比一般人快得多。辛先生平常對徒弟們要求很多，每個人都不盡相同，常要求我注意的有不少，我把能想起來並且感覺受益的羅列幾條，雖然是零碎細節，但受益匪淺。

第一，練拳的時候不能憋著大小便，練完以後不要馬上大小便。

第二，不要多喝水，水喝多了傷陽氣，亡陽。

第三，練功不讓出大汗，大汗傷身體。

第四，教拳練拳絕對不能張嘴。

第五，不能過飢過飽，平時不能，練拳時更不能。

師門星散

跟著辛先生學習久了，慢慢也熟絡了，不學拳的時候，辛先生就會講許多拳理和武林的逸聞。有一段時間，辛先生身體好像恢復了一些，也開始下床教拳。可惜過了不久，身體似乎又不好，慢慢又不下床了。再往後我就感覺不對勁，

辛先生不僅在炕上不動，連話也不說了。

我很憂慮，回去和父親說。父親嘆了口氣，才把實情告訴了我：原來辛先生早年身體受過太多的傷，包括冷兵器的傷和槍炮傷，當時年輕又為了生計，常年在口外走鏢、鬧革命，沒有恰當保養，身體虧空太多，晚年都發了出來，痛苦不堪。後來就吸上了大煙，雖然可以暫時緩解痛苦，但是長期下來就染上了煙癮。一開始還可以，收入也高，煙土也容易得到。可是日寇占領太原後，辛先生收入大減，消費不起了。再加上後來太原開始禁煙，查得很嚴，就算是有錢也沒地方買。辛先生的身體和精神一下子就垮了，就一直不愛動，無事的時候就在床上躺著，在家裡待著，沒精神也沒體力舞弄拳腳兵器。

知道這些後，我才恍然大悟。辛先生一開始那麼對我，除了考驗我之外，垮掉的身體也讓他沒有足夠的精力給那麼多學生演示。還有，一開始的時候我沒有見辛先生完整地練過一趟拳，以為他和許多保守的老拳師一樣，不願意給徒弟完完整整地示範功夫套路，還在背地裡怪他封建保守。這下全理解了，根本原因就是他的精力跟不上，那麼多徒弟，學的東西又各不相同，一人演示幾個招式，便把他消耗得不輕。

後來看他越來越沒精神，師兄弟們也湊些份子，想辦法弄些煙土。隨著日寇投降，閻錫山重返太原，社會不穩定，食物匱乏，物資緊缺，市內的經濟狀況也更加惡化，師兄弟們日子也不好過。沒過多久，這點大煙也供不上了。看著辛先生受苦的樣子我很難過，就去求父親想辦法。

父親也想辦法找各種關係弄些煙土，讓我偷偷送給辛先

生。這也沒維持多久，城內更亂了，真是各家顧不上各家。辛先生的身體就越來越差，下世的跡象慢慢地露出來了，我很揪心，卻也無可奈何，就找機會逗他開心，賣力地練拳討他歡心，可是後來他連看我一眼的力氣也沒了。民國三十五年（1946 年），辛先生去世，享年六十八歲。

我跟辛先生學拳四年，他的拳術套路我沒學全，可是他一生對各家拳術的思考和總結，全揉碎告訴我了。他說：「你是個讀書人，有文采，這些留在心裡是個種子，將來機緣成熟了整理出來做個印證，也算是師生一場，給你留了點紀念。」又說，「你雖然表面文弱，但是骨子裡頭卻是剛直，極講江湖情義。和師兄弟們交往你也謙恭真實，肯吃虧，能以小事大、以智事愚、以富敬貧，比你年長的師兄都敬重你，很不錯！可惜我不能多活十年教你。你從不弄虛的，這點像我，很好。」

他那樣的人，一生威震口外、叱吒風雲，脾氣又不是很好，平常不苟言笑，晚年對我這個未及弱冠的年輕人說出這樣動情的話，怎不讓人心酸悲痛。這樣的一條好漢，去世的時候已經瘦弱乾瘦得不像樣子了，一個笆籠就能扣住，一回想起來就忍不住掉眼淚。

辛先生去世之後沒兩年太原解放戰爭就開始了，師兄弟們也慢慢散了。有的人不練了，有的從事了別的職業，年紀大的相繼去世，剩下的年輕些的學得也不成樣子，大家漸漸失去了聯繫。

和我聯繫比較多的就是張鴻亮師兄，辛先生不在後，張師兄還和我說了不少先生的事情，我們一起約著練練拳，累了就坐在海子邊，看著滿海子的水波，升起又消失，熙熙攘

攘的人群，來了又去，何其悲傷也！

後來我因為去北京上學的緣故，和張師兄也逐漸失去了聯繫。直到 20 世紀 60 年代初期，有一天我在單位宿舍收到了路開源先生的一封信，信裡說：「今聞你的師兄張君去世，節哀。」讀未終行，便失聲痛哭。當時因為政治風波四起，我的命運也飄搖不定。那一哭是哭張師兄，也是哭我自己，也哭辛先生。

此後社會上慢慢地沒了辛元先生的弟子，只剩下一個我，又不成器，辜負了先生，辛先生的名頭也就隨著那段歷史被人遺忘了。新中國成立後，時代大不一樣，海子邊的江湖隱去，太原城的武林消散，山西的風雲止息，那個充滿武俠氣息的尚武年代遠了，我也就逐漸遠離了武術界，以教師的職業繼續我的人生。慢慢地，我自己也忘了自己是誰，忘了自己學的那些拳腳，好像只是路過了民國的江湖，只是偶爾目睹了許多武林豪傑的幻影。

張安泰：你想怎麼跌出去

在我五十多歲即將退休的時候，突然又和穆修易先生的弟子張安泰聯繫上。因為以前他常去辛先生家，也受過辛先生的指教，所以和我本來就很熟悉。當時我不到二十歲，再相見我已然是接近花甲之人。

新中國成立前張安泰在太原城裡編蓆子，外號蓆子三。平時他為了練腿功，單腿獨立或者單腿蹲著編蓆子。日積月累腿上功夫特別大，好技擊，也擅摔跤。與人動手最擅長用通天炮和沉磨腿，上打面門，下鉤掛，無不擊人即倒。下手

狠，並且不留情面，和他動過手的人差不多都被他「洗過臉」。什麼叫「洗臉」呢？就是一個通天炮打在人面門上，馬上滿臉鮮血，被張安泰戲稱為「洗臉」。

民國時張安泰去南京參加過國考，拿了個優等，何應欽親自頒了錦旗，這是山西省公認的拿了名次回來的。再加上其他的比賽，他拿到的榮譽很多，雖說當時還很年輕，輩分不高，但是在山西武術界相當有地位和面子。董秀升先生收徒弟，劉毅、李桂昌遞帖子拜師，就是請張安泰做的介紹人。

這次與張安泰的重逢與我年少時候大不一樣，在和他接觸的過程中，我們逐漸建立了情誼。張安泰先生一生都比較貧苦，沒有長輩的照拂，從新中國成立前開始就以編蓆子、賣蓆子為生，很是清苦。膝下只有一個女兒，出嫁後日子也不好過，不能貼補他許多。領養了一個兒子，不太爭氣，又好吃懶做，不去工作，還打架鬥毆賭博，不僅不孝養他，還偷他的東西去換錢，不斷在外面惹是非連累張先生。

新中國成立後，張先生因為受過何應欽的獎勵，受到很大的衝擊，被打成「拳匪」，每次來「運動」都會受到批鬥。早年的榮譽全都成了晚年的污點和罪證，人生之際遇荒誕到如此地步，還有什麼好說的呢？晚年就更悽慘，編蓆子沒人買，沒有工作，沒有收入，也沒人照顧。後來吃了低保（低收入戶），靠政府的救濟生活，僅有的那點救濟金也被他兒子偷去賭博吃喝了。女兒偶爾來看看，幫著洗洗涮涮，大的生活境況也沒辦法幫忙改善。

我退休之後常騎著自行車帶著張安泰到處轉轉，也常在一起練功。我們一起聊以前的老師父，一起切磋、探討、整

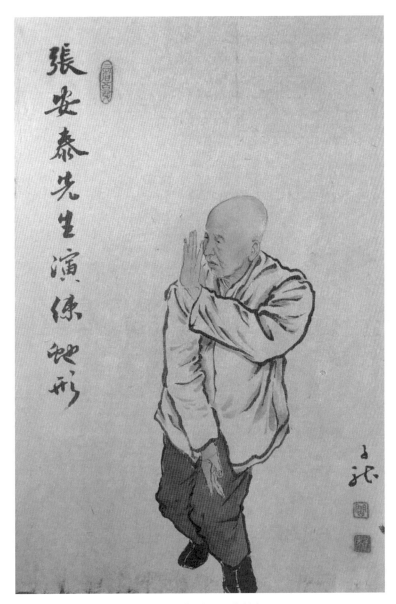

張安泰畫像（閻子龍繪）

張安泰

理、印證學過的拳術，直到他去世，朝夕相處近二十年。說實話，在這近二十年的時光裡，我從張安泰那兒又學了不少東西。

張安泰出手很重，保留著過去武人的習氣。記得有一年冬天，我們打對拳，都穿著厚棉襖，張安泰一拳打過來，我趁勢撤步後退，他竟窮追不捨，一把抓住了我的棉襖，硬是把棉花都拽出來了。兩個老年人出手像動真格的，圍觀的年輕人看得目瞪口呆，而我們兩個拱手相視，哈哈大笑。

他劈拳運用得最好，用劈拳發人神乎其技。那段時間收了徒弟，我都會帶到張先生那裡去，讓他見見試試手。他家徒四壁，屋子裡空空蕩蕩，只有一張破桌子，兩把破椅子，靠牆角還有兩個舊扣箱，漆皮剝落不成樣子。每次我領著新徒弟去，他都會問：「你想怎麼跌出去？是往高處走呢，還是往低處走？是往近走呢，還是往遠走？」

這種近乎禪機的問話，往往會把許多人問住，不知道該怎麼回答。但是一搭手，就什麼都明白了。

說「願意往近走」的，一個劈拳就地把你扣地上，這是近打。說「願意往遠走」的，直接把你發到門外去。要「往高處走」的，被扔到牆角的那兩個破箱子上。想「往低處走」的，就被發到了破桌子底下，折脖扭頸，醜態百出。發完人後，張先生看看我眨眨眼，忍著笑說：「得罪，得罪。」我也忍著笑拱拱手。

　　張安泰先生晚年實在可憐，那年臘月裡好些天沒見他出來，我怕他是病了，就去看他，順便送些年貨。一進門看他家裡冰房冷灶，他躺在炕上，鋪蓋被子都不全，頭下還枕著塊磚。

　　我不覺一陣心酸，問他：「兒子又不著家了？」

　　他也不應，我又問：「大年下的，姑娘也沒來看看？」

　　還不應。見他不回答，我也不忍心揭他的痛處，就問：「枕頭呢？大冬天睡個冷炕，枕塊磚頭是幹什麼？」

　　他說：「我這是在練功呢，你不要操心了，年齡也不小了，大雪天別騎自行車。」

　　他性格忠厚，哪裡會撒謊，看著他滿臉的尷尬，我心裡更是難過。扶著他坐起來，吃了些東西，聊了半晌，他才說：「兒子回來要錢過年，我哪裡有錢給他。冷著臉罵了他幾句，他就出門了，把我的枕頭被子也扔了出去。我氣了個半死，飯也不想吃，活夠了，躺在這裡等死算了。」

　　我開解他，約好年後開春了再到公園好好練練，教教學生。我回家後還託人送了些衣服被縟去。沒想到他正月初二就去世了，很可憐。

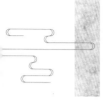

陰符退盡純陽顯
——八卦門往事

對八卦拳的嚮往

辛元先生是六十四歲那年收下的我，我跟著他學了四年。他去世後，同門師兄弟們各自奔向了自己的生活，而我也沒了師父指導。這段時間裡，閒下來的時候我就在海子邊逛逛、練練拳。日本人被趕走了，太原光復了，上馬街、橋頭街、海子邊雖然還是一樣喧鬧繁華，可是我心裡竟覺得空落落的，有種莫名其妙的悲涼。

當時年紀還輕，社會閱歷也不多，對社會上微妙的變化雖然隱隱約約感到點什麼，但是還沒有足夠的判斷能力，也說不清楚哪裡不對勁。就像三伏天裡漫天的烏雲，就是悶著不下雨，風也沒有，樹葉也不動，悶得人心裡發慌。整個太原城就像是這烏雲底下的一塊荒地，被密密匝匝地罩著，密不透風。

我在家待著覺得憋悶，就出了家門，順著街走，從橋頭街走到海子邊，走到大南門，再繞道崇善寺重新回到上馬街，那種莫名其妙的憋悶不僅沒有消滅，反而像一層層紗布似的，每走一步、每經過一條街便在我的身體和內心裏上一層，直到覺得壓抑不堪了，自己吼兩嗓子。

　　外面的這個世界讓我感到這般壓抑，我的不安無可安頓，只好再回到書籍裡面去尋找開解。除了家裡的藏書之外，這些年我自己也積累了一些書，其中相當大一部分都是武學方面的，各家各派的老拳譜、新著作，有書店買的，有舊書市淘的，也有在師父們和老拳師家抄的，也有師兄弟之間交換的。總之，容易得到的、不容易得到的，我都想辦法收集來了。

　　在這些著作之中，孫祿堂先生的著作讓我覺得很新奇，《形意拳學》《八卦拳學》《太極拳學》《拳意述真》《八卦劍學》等，無不讓我擊節讚歎，都是理洽義深的名著。《論拳術內外家之別》用孟子的「我善養吾浩然之氣」，把內外家論氣的歧義融會一體；又以孟子「求其放心」之說，把練氣養氣的方法原理也說得極其透徹；更以《中庸》「中和」之理，將內家拳的體用講到了極處。

　　這些著作全是以儒家的精義來兼涉武學至理，渾然無間，與一般武家輕視文人的習氣大相逕庭，讓人欽佩。

　　孫祿堂最讓人稱道的就是把太極、形意、八卦三家冶為一爐，集拳術之大成。在讀這些書的過程中，我逐漸對孫祿堂先生產生了仰慕之情，想像著自己將來在武學上會不會有同樣的進境。

　　當時太極、形意我都學了，如果再把八卦掌學了，是不是也可以像孫祿堂先生那樣，可以更好、更深入地瞭解內家拳的要義呢？

　　所以，私底下讀了不少與八卦掌相關的書籍，一個人待著的時候常常想找個機會也學學八卦掌。可惜一直沒有訪到合適的師父，直到遇到路開源先生。

何月波的八卦掌功夫：紙穗、銅壺、羊皮襖

八卦掌自清代宗師董海川之後，百餘年間名家輩出，代有傳人，主要有尹福派、梁振甫派、程廷華派，影響遍及大江南北。而當時在太原城裡，八卦掌還是很少見，專練八卦的名家幾乎沒有，最早只有何月波。

何月波，名均，字月波，以字行。何月波先生原本和程廷華學八卦，後拜在程有龍門下，得了程派的真傳。何月波早期在張作霖的手下做事，奉系軍閥入京後，他也在北京待過。何月波來太原，也是應邀來國民師範任教。何月波先生來到國民師範之後，主要教八卦掌。

當時沒有多少人和他學，因為連形意拳大家都覺得簡單枯燥，不太接受，對於八卦就更不理解了，覺得這叫什麼拳術，繞圈圈，繞來繞去太離譜了，實在不像武術。但是何月波先生一動手，試手的人就跌出去，一碰就跌出去，根本不用走圈。當時何先生的功夫人們是服氣的，就是對八卦掌走圈的練習方法不太理解，也不太接受。

說到何先生的功夫，我這裡有一些小故事，恐怕已經沒有人知曉，說來與大家分享。在 20 世紀 70 年代，我從夏縣重新回到太原以後，機緣巧合收了個徒弟，是一個老徒弟，當時他七十多歲，比我大得多，我當時才五十來歲。這個徒弟也沒遞帖，當時的社會環境也不敢遞。

這個人新中國成立前在國民師範做飯，並且專門給何月波先生做過一段時間小灶。與何先生見得多了，也有了情感，慢慢地喜歡上了八卦掌，特別崇拜何先生。但是限於身分和工作，一直沒能向何先生學。

　　我的八卦掌師從路開源先生，而路開源先生又是何月波最得意的弟子。所以 70 年代我返回太原之後，他就聯繫上我，說要學學何先生傳下來的八卦掌。

　　一來二去的，我們兩個就建立起了情感，我也為他幾十年不變的心意所打動，便收了這麼一個老徒弟。有一次練過拳閒聊，他對我說：「安先生，您雖然是從何月波這支學來的，但何月波先生怎麼練的您可能沒我知道。」

　　我回答說：「是的，我當時還小，只聽路先生說過一些，但並沒有親見過何先生練功。」

　　他就笑笑和我聊了起來，說了好多。據他說，何先生很勤奮，每天都練功，但是在外頭看不見他練拳。當時國民師範給這些聘請來的先生安排了教工宿舍，何先生就在宿舍練功，不在演武場或者露天的地方練。

何月波（左一）、程廷華（右二）、程有龍（右一）

　　何先生在宿舍的衣架上掛滿了紙穗，這些大大小小的紙條，隔著窗戶看，不知道的還以為是貼著靈符辟邪驅鬼呢！

　　他說：「起初我去叫何先生吃飯，看到他房間裡這種情況，感覺陰森森的，不敢進去，隔著窗叫他幾聲就走了。但是心裡一直好奇，不知道他在做什麼。後來熟了，何先生也知道我不練武術，對我也沒有戒心了，有時就允許我進他房間，才知道那些白色的紙條都是他練功用的。他就在那些大大小小的紙條裡轉掌走圈。身形走開無聲無息、無影無形，極其輕便靈活，紙條、紙穗一動不動，就這樣練身體的感覺。」

　　「冬天的時候，何先生在室內光著膀子練，多數時候還穿著鐵馬甲舉磚走掌。他走掌的時候拿兩塊磚，推著兩塊磚練力量。或者雙臂上掛著銅壺練，把銅壺裡面灌滿水掛在胳膊上，轉完圈之後穿掌，這邊穿，一穿穿到另外一邊。就一個單換掌，來回轉，一練就是一兩個小時。」

　　我想何先生這樣負重的目的，當然不止是為了練肌肉和力量，而是為了在負重的情況下還能夠放鬆。

　　他還說：「在夏天的時候，何月波卻是反穿著羊皮襖。安先生，您說大冬天光膀子，到了夏天卻反穿著羊皮襖，我看著比較怪，不知道是什麼深意。」

　　我聽了笑笑說：「這是前輩肯下工夫，不過我覺得我們可以不必這麼練。」

　　雖然我心裡覺得這不科學，更不能亂學，但是過去人就是那麼下工夫，還是很欽佩的。

路開源：先練一年轉掌再說

何月波先生在國民師範教八卦掌，傳人有龐維國、張書田等人。他很少在社會上教拳，所以社會上的傳人比較少，只有路開源先生，他最滿意的弟子也是路開源先生。

路開源，字子長，太原清徐縣南營村人，精專八卦掌、形意拳，尤擅劍術。新中國成立前在法院是錄事，書法精絕，擅長繪畫，好工筆；懂醫術，精於針灸；深於釋、道兩家學問，兼通方技數術，會看手相、算命；又通音律，能古琴，擅二胡，融會文武，多才多藝。

為了學八卦掌，我多方打聽。當時國民師範已經沒有了，練八卦的更是罕聞其人。後來聯繫到了龐維國先生，龐先生極力推薦路開源先生，說師兄弟路開源深得何月波先生賞識，對程派八卦的造詣在自己之上，並非常熱心地為我引薦了路開源先生。龐先生這樣謙恭且能揚人之善、成人之美的品德，我至今都十分敬佩和尊重。

當時路先生已經在法院工作，父親帶著我去拜見過之後，又請中間人說和，給路先生遞帖子拜了師。這是民國三十五年（1946 年）的事情了。

開始學習的時候，路先生說：「我這裡下班後樓上沒人，你就來我辦公室學吧。」

於是，每天等到法院下班之後，路先生辦公室沒人了，我就進去學。路先生的辦公室很敞亮，木質的地板，走上去感覺也很舒服。路先生把我叫進去後，一般都會先示範一下，說一個動作，然後就讓我練。

一開始就是轉掌，練了一段時間，我覺得興味不大，內

心有些著急，就找機會和路先生說：「先生，我太極也練過，長拳也會，少林、八翻手、形意拳也都練過，有些基礎，能不能直接不學了，進度快一點呢？」

路先生果斷地說：「不行！各是各的。別人怎麼教我不管，你要和我學八卦掌，就必須從轉掌開始。」

我便不敢再說什麼，老老實實地走圈，轉了將近一年時間。

路先生在木地板上轉起來沒有聲音，腳要求平起平落，蹚下去以後還要平起平落，落地無聲。現在好多練八卦掌的說蹚泥步，擦著地板走，「噌噌噌」地亂響，實在是讓人看不懂，也沒必要。路先生轉起掌來，中盤掌、下盤掌，走的式子特別低，並且走得特別輕快，特別規矩，八步一圈，不多不少。現在好多練八卦掌的人，練的時候腳下太隨意，轉成圈就行，也不管幾步一圈。路先生這八步，四正四隅，規規矩矩，要求走完之後每一圈、同一方位的腳印都在同一個位置上，步幅大小、節奏快慢必須一致，必須是八步成圈，才能走出八卦的規矩和八卦的勁來。

在路先生的指導下，我開始在八卦上下工夫了，路先生教得特別細緻，但也特別慢。直到民國三十七年（1948年）我離開太原的時候，八卦掌都還沒學完，算是打了一個八卦的基礎。我離開太原離開得有些突然和無奈，那一年閻錫山搞三清會，邀人參加，我覺得這樣的組織讓人反感，所以拒不參加，先後被抓了兩次。第二次被抓之後，我父親有點怕了，託人從中斡旋說和，把我保了出來。出來後，父親給我湊了一百塊大洋，讓我坐飛機連夜去了河北保定，去華北大學讀書，我就這樣與路先生分開。

直到 20 世紀 60 年代初，才又與路先生通上了書信，重新聯繫上。此後又和路先生繼續學了幾年，直到我下放夏縣為止，著實學了好多東西。所以我跟隨路先生學八卦掌，可以說是分兩個時期完成的。

路先生老家是徐溝，徐溝也是形意拳的一個要鎮，所以他本身也練過形意拳。我見過他練形意拳，練的是車派，估計是從太谷傳到徐溝的。但具體是哪一支系的傳承，我也沒有問過，他也沒有太詳細說過。因為剛見路先生的時候，先生就說：「你要想練八卦，可以先練練形意拳。」

我回覆說：「形意拳我和辛少軒先生學過。」

路先生掃了我一眼，說：「你最好練成我的，改了過去的。」

過去老師父們都有這樣的心理，你要和我學，你就學我全套的。我當時沒吭氣，沒回答他，只說：「我先學八卦掌吧，形意不著急。」

他見狀也就不再提這個話題，所以就先學了八卦掌，臨到最後也沒和他學形意。

路先生對八卦掌有非常獨到的認識，他有個觀點：八卦掌雖然叫八卦掌，但是不要動不動就和這個卦、那個卦硬扯上關係。

他說：「既然《易經》是群經之首，其理是統攝一切的，萬事萬物都在其道理當中。那麼舉手投足便有陰陽，便有八卦，非得八步換八掌就叫八卦掌？一圈必走八步，是因為合四正四隅成一圈，大小正合適，均勻規矩，一切一正就步伐均勻，何必非套上陰陽和八個卦象呢？」

實事求是地說，路先生這種說法也不是沒有道理，因為

路開源與安慰的通信

八卦掌原來也就三掌：單換掌、雙換掌、順勢掌。再後來後人套《易經》的八卦湊成了八掌，之後又衍生出六十四掌，其實是一種附會，節外生枝，頭上安頭。所以在當時的環境中，路先生的思想很開放，算是很實事求是的了。

除了不主張比附《易經》八卦之外，他還說，武術往深妙裡說，各派都和《易經》有關係，都和儒釋道有關係，都和哲學、美學、力學有關係；往淺裡說，也就是人肢體的協調運動，做一些技擊的動作，並沒有多麼玄妙。這是他的大概意思，很多並非原話，他原話說得肯定比這好。

另外，路先生常對我說：「對於武術我們可以多研究，不一定侷限於一家一派。」

他自己就說他的八卦掌綜合了好多人的東西，既有尹派的，又有程派的，還有孫祿堂的掌法。據他當時說，他最初學八卦是和孫祿堂的某個門人學的，具體是誰，我當時也沒

留心聽，現在也不記得了。

20 世紀 60 年代與路先生重新聯繫上之後，我們常有書信往來，他在信上也提到過這位先生，可惜沒有說這位先生的名字。他還說新中國成立前他做買賣謀生，南北遊歷飄零，去過不少地方，每到一處都會拜訪當地拳師，尤其是練八卦的名家。在西安、四川等地，見到很多練八卦掌的，練的都不太一樣，他都盡量地學來融到自己的拳術中。但總的來說，還是在國民師範時跟何月波先生學得最多、最深。最後他遊歷南北重返太原之後，覺得何月波先生的八卦掌是最原汁原味的，得到了程派的精華，而程派程廷華先生的八卦是最接近董海川原貌的。

董海川的教學法

八卦掌是內家拳裡最晚形成的一種拳術，在八卦掌之前，沒有這種轉著圈練拳的。這種獨特的練習方法具體是怎麼來的，至今仍是一個需要研究的問題。而據董海川說是得自異人的傳授，是在九華山和某個道人學的，可這個道人具體師從何門何派，也語焉不詳。後人根據「道人」二字，就做開了文章，下了不少考據工夫，認為這種轉圈的步法，就是從道教的轉天尊來的，和八卦掌很相似。其實終歸是一種假說而已，雖然能聯繫上，但還是缺乏更多更深層的證據。

如果說這種步法和轉天尊類似，那和寺廟裡和尚們繞佛也是類似的了，繞佛不也是繞圈嗎？所以很多似是而非的東西，是經不起深究細論的。

八卦掌畢竟是一種拳術，不是隨意走圈，得有身法、步

法，還得有手法配合，另外招法、勁法、腿法等，都在裡頭，不能只是走走，要有大規矩在裡面。加之兩者的重點、目的也不一樣，轉天尊的「走」是一個形式，關鍵在於修心；八卦掌的「走」，必須要走出規矩來，走出功夫來。所以八卦掌到底是怎麼來的，目前我們只能從董海川開始，再往前已沒有文字記載，都是無可稽考的了。

這裡說到董海川，並不是說他受閹入宮之謎，或者他在江湖上的傳奇故事，而是要說一下他因材施教、不拘一格的教學方法。據前輩們講，董海川教人非常開放。學生和他學時，他不要求學生一定要練得和他一模一樣。

董海川所教的人大部分都是帶藝投師，所以他在教授人的時候沒有固定的模式。

比如尹福是練少林拳出身，董海川在教尹福的時候，就是以少林拳為基礎，手型上是牛舌掌，和內家拳其他的手型都不一樣，虎口必須撐圓，四指併攏，所以尹福發力，點多線少，以點為主，形成了一種風格，大家稱之為「硬掌」。史計棟是練彈腿出身的，腿法好，所以在他的八卦裡腿法就多。程廷華先生是練摔跤出身，別的拳術沒練過，所以根據他的特點，董海川授他的掌法以柔為主，柔化螺旋不斷勁，最接近董海川的風格，也叫游身八卦連環掌，繞圓走轉，大圈套小圈，處處有螺旋，螺絲勁層層不窮，圈中圈處處有變。

這些都說明了董海川的了不起，不愧為開門立戶的宗師，能夠因材施教，不固執門戶觀念，不拘束弟子們的特性，根據弟子們各自的特點，量體裁衣，專門編幾掌讓弟子們自己去揣摩、去變，把自己所擅長的和感悟的東西往裡

套。但也不是一開始就想哪兒套哪兒，還要符合六合的規矩，八卦的身法、步法原理。

不變的是走圈，先練基礎，先走圈，在圈裡頭加變化。雖說是董先生親授，可是學生都有自己的風格，都保持著自己的本來面目，所以八卦掌是非常好的一個拳術，根荄既定，千變萬化，無窮無盡。

埋沒鄉野

路開源先生應該是國民師範早幾屆的學生，當時在國民師範的時候，學校成立了一個國術操練場，聽著像一個場館的名字，其實是個組織，組織的發起人和負責人就是路先生和龐維國先生。他們兩個是組織者，也是練得最好的。

從國民師範畢業以後，為了參加抗戰，路先生去了大後方，先後在重慶、成都待過。謀事不成，為了生計，路先生便做起了買賣，經歷的事情非常多，人生頗為坎坷。這些在他晚年給我的書信上都有吐露，可見對他人生的影響之大。甚至有一次提到一些事情時，他說，那時候國家飄搖，自己流轉異鄉，衣食無著，親友失聯，內心相當苦悶。無法排解的時候就喝酒，最後有了酒癮，就酗酒，把身體弄壞了，在成都謀生時還吐過血，他晚年老咳嗽便是那時候留下的病根。反正路先生那些年應該經歷了不少風霜吧。雖然是他不經意提到的，卻讓展紙讀信的我十分心疼。

抗戰勝利後，路先生重新返回太原，在法院謀了一個職位，也是這個時候，龐維國先生將他推薦給了我。

新中國成立後，路先生可以選擇繼續留在太原，當時不

知道他怎麼考慮的，卻選擇了返回清徐老家。因為他學過中醫，就在清徐縣人民醫院當大夫，是針灸大夫。後來年紀大了，就被調到了掛號處。

路先生見過世面，經歷很多，懂得也多。不知道為什麼當時一念之差就返回了清徐，漸漸埋沒鄉野。由於訊息閉塞，見識慢慢也少了，後來談起這個抉擇，他也比較後悔。

20 世紀 60 年代和他聯繫上之後，我們就一直保持通信，這些信直到現在我都珍藏著，不過他寫給我的最後一封信找不到了。在最後一封信裡，他告訴我說有突如其來的災難，怕是過不了這個坎兒了，此後書信就突然中斷。我趕快託人打聽，傳話的人說當時路先生正在被批鬥。除了因為他在新中國成立前的出身和工作經歷之外，直接的導火索是文字上惹的麻煩。

路先生書法很好，諸體皆精，但沒有架子，好給人寫字，對來求字的人從不拒絕。正好那年村裡頭蓋廁所，就有人請他寫上字，分開男女廁。結果不知道筆誤還是什麼，他給寫了個「毛房」，一下子被人抓住了，說這是故意侮辱偉人，用的是「毛澤東」的「毛」，因此被狠狠地批鬥。

接下來就把他在國民黨、閻錫山時期的工作經歷挖了出來，甚至他曾經給人看相、算命、練武術、愛書法等事情，全被歸類為封建四舊。

路先生在「文革」中身心飽受摧殘，最後含恨而死。路先生是 1976 年去世的，當時七十三歲。就此推算，他應該是清光緒二十九年（1903 年）生人吧，比我大了二十多歲，比辛少軒先生小。路先生曾在信裡對我說，當初在舊社會為了謀生，為了在人前賣弄，所以就學了很多不科學的東

西，還告訴我「你不要學這些，將來會受害的」。這是經歷過的人才會瞭解的沉痛之言。結果路先生與我後來都因此受到了批鬥和審查，也算是一語成讖了吧。

路先生的掌，既有程派八卦的風格，又有孫祿堂和尹派的東西。他一生去的地方多，學的東西也多，但是他著意於八卦。他教我的程派八卦掌，沒有點、沒有停頓，圓活無滯，不像太極拳還有個定式，更不像現在人練的時候停下發勁再走或墊一步再走。我所學的程派八卦，步子沒有停的時候，一直在走。步子不停，身法不停；身法不停，手法不停；手法不停，勢不停，氣不停，勁不停，連綿不絕，不斷地變化，有一種生生不息的氣象。

路先生當時就練八卦，在太原是很有名的，來求藝的人很多，但是他選弟子的標準太嚴格，非其人寧願不教。所以能精擅他本領的弟子寥寥無幾，以致後來門下寂寂，等這些為數不多的學生們分散開之後，也就沒人知道太原武術界還有路開源存在過，更沒有人知道八卦掌還有路開源這一號人物了。歷史就是這樣無情，當真實慢慢隱去，留下來的都是所謂的繁華與名利的影子。那些遠離繁華、淡泊名利的人，終究會慢慢褪色。

我遇到的這幾位師父，各有特點，對我的影響也很不相同。霍寶珊先生在我少年時出現，像父親一樣，對我疼愛有加。他老人家給我的，除了拳術、武德之外，還有那個年代不能直接從父親那裡得到的父子間的溫情，所以我一直感念他。辛元先生性格剛直仗義，不畏豪強，雖然沾了不少江湖氣，但是實事求是，有江湖的道義，讓我對人對事都存著一份耿直與敬畏。

　　對這兩位先生我都像對父親那樣尊敬，除了武藝與道德上的學習之外，我和兩位先生在個人的其他才藝、興趣方面，很少有交集，也不敢和他們討論其他。而路先生不同，他多才多藝，也是文人出身，我們的性格、愛好很多都一致，所以和他的相處就更輕鬆隨意一些，書信往來，無所不談，亦師亦友。

　　對於路先生，一直有一件事讓我耿耿於懷，十分愧疚。20 世紀 60 年代，與路先生聯繫上之後，除了通信外，還常見面。他常來太原找我，我都會安排他住在家裡，好好招待侍候，一留就是好多天，從來不敢慢待。臨近 70 年代的時候，我正在省藝校工作，住在藝校的職工宿舍。當時我已開始被審查，下放的消息已經傳在人耳，我壓力非常大。

　　有一天領導找我談話，把我留在一個隔離的房間寫反省材料，一直到很晚我才回住處。我不知道當時路先生來過了，後來聽說他在我家門口坐了半天，等了一個上午，沒等到我，就又自己坐上車回清徐了。

　　從那次之後，他再來太原的時候，就自己掏錢住棧房（旅店），無論我怎麼說、怎麼求，再也不肯進我的家門了。那次他覺得被我慢待了，我做弟子的失了禮數。當時雖然我個人覺得情有可原，但是想到他老人家在門口坐了半日，沒能進我家門，一口水都沒喝我的，我十分難受。

　　再後來我就被下放，他老人家也被批鬥含恨而死，此生再也沒有接待伺候他的機會，長慟永年也無法消除此悔恨遺憾了，此情此憾，曷其有極！

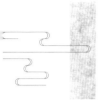

葬劍悲聲切，拈花恨意遲
——學劍瑣憶

路開源的龍形劍

　　我從小喜歡武俠小說，常看《七俠五義》《三俠劍》等，對江湖上那些仗劍而行，四方遊歷的劍俠生活十分嚮往。所以後來學武術後，各種兵器裡面，對劍算是情有獨鍾。加上我少時身體瘦弱，太過粗猛的兵器用不了，也提不起興趣。再者，自霍寶珊先生開始，我的幾位師父都善於用軟兵器，所以我對劍這種輕靈、柔巧的器械就更感興趣了。

　　當然練拳大多要以槍術築基，我雖然對大槍不甚喜歡，但是師父們都會要求並監督我練槍術，所以槍我用得也不錯，只是內心不喜歡，更偏愛劍術。

　　得知我喜歡劍術，祖父和父親幫我蒐集了很多把寶劍，許多是花了大價錢買的。聽說誰家裡有寶劍，他們都會帶我去看看。還沒開始學劍術，劍倒蒐集了不少，每每被母親嘲笑，我只好笑笑說：「工欲善其事，必先利其器。」以此解嘲。當然後來我也如願以償地學到了劍術，並且學了很多套路，一方面是年輕人貪多，另一方面也確實出於愛好和鑽研的需要。

　　每學完一套劍術，我就會在筆記本上整理一遍，把老師

講的口訣要點和自己的體會記錄下來，留作以後參考。後來閒暇時清點記錄簿冊，竟有百十來個套路。

常練的有五行劍、十二形劍、連環劍、進退六劍、三才劍、對練三才劍、八卦劍、龍形劍、雙龍劍、昆吾劍、純陽劍、青萍劍、青鸞劍、越女劍、太極十三劍、太極劍、青龍劍等一二十趟。

其中我最喜歡的是龍形劍，最擅長的也是龍形劍。與龍形劍這個名字相同的劍法有好多種，練法都不太一樣，是同名而不同實的。我的龍形劍是和路開源先生學的，路先生除了八卦掌，對劍術也特別喜愛，會的劍術套路也特別多，對於劍術的理也思考得深入。

路先生擅長的有進退六劍、龍形劍、形意劍、八卦劍、青萍劍、昆吾劍等，有十幾趟，我都學到了。路先生最喜歡的也是龍形劍。後來學到龍形劍的時候，看到我激動的樣子，路先生也很高興，覺得傳我劍術算是傳對人了。

練到最後，我的劍術遠遠超出他的預期。凡是他喜歡的我都喜歡，師徒這麼契合也是少見。後來他抄了一個龍形劍的劍譜，遞給我說：「我的東西算是全給你了。」

以前想得到老師的一點東西不容易，把著述傳給你，把紙本口訣傳給你，一方面是認可你所學的東西，一方面是認可你為傳人，那是在你練到一定火候，得到老師精要之後的一種認可，就像宗門的傳法卷，對於門人弟子來說，是無上的榮耀。不像現在，到處都是出版物，真真假假。書卷秘籍容易得到，卻把師徒的情義，對祖師的尊重給忽視了。甚至書是得到了，學問技藝一點門路也沒得到，實在可惜啊。

路先生的龍形劍是在國民師範的時候和王俊臣先生學來

的。王俊臣先生是劉奇蘭的徒弟，據說也打過俄國大力士，後來路先生的信上是這麼寫的，還專門提了一下王俊臣先生與俄國人交手的事情，並說其他人的傳聞都是假的。

龍形劍融合了形意和八卦的身法、步法。劍術分工劍和行劍，工劍是有點的，有劍點，很明確的發力點，要有很明確的停頓；行劍就要求圓活無滯，以線、面為主，點很少，少停頓，步法很靈活，行起劍來如同行雲流水一般，極美極活。和路先生學劍術是在公園裡，因為劍術在他辦公室施展不開，他就在公園教我。

有一次學龍形劍，示範退步刺劍的時候，路先生沒看身後的地形，被花盆絆了一下，一屁股坐在了花壇上。他臉色一沉，收了劍，披上衣服就走了，後來就再也不練劍了，無論是公開場合還是自己在家都不練。

我知道他是一個極有自尊的人，他因為這件事，因為教我而放棄了劍術，我也十分內疚。後來我練龍形劍或者教龍形劍的時候，就把這一劍給去掉了，作為對路先生的紀念和感恩。

後來在北京我也接觸過許多練形意、八卦的同門，他們的龍形劍據說也是李存義、王俊臣傳的，但練法和山西的不一樣。山西的龍形劍不知道是王俊臣先生來太原之後的發展呢，還是路開源先生的改進。

直到幾十年後，我把這些相同、不同的地方都融合在了一塊兒，同時把龍形劍原來的一些重複動作給省了，又把其他劍術裡的精粹融合統一在了龍形劍的風格之內。所以我認為龍形劍在我這裡，至少在演練上又有了一些新的發展，更加充實、完善。

劍術還在，劍法丟了

說實話，學生們讓我看了許多現代的劍術表演和對練，我實在是不滿意。因為從後輩們的演練中，我看出他們把劍法丟了。就像寫書法的人把筆法丟了，只剩下寫字了，實在是可惜。

所謂的劍法，不是說你的身法、步法好就行。劍法說白了就是「用劍之法度」，與刀槍劍戟其他兵器不同的法度。用劍的法度很特別，要法度清晰明確，劈、刺、撩、掛，崩、點、撮、抽、帶、提，這些必須做得很到位。

比如劈劍的力點到底在哪兒？點劍的力點在哪兒？撩劍、崩劍的在哪兒？提劍、抽劍的在哪兒？帶劍的又在哪兒？必須有力點。你的勁走的是劍尖、劍把，還是劍身？必須要搞得非常清楚。這是我對學生最基本的要求，也是我從傳統劍術裡繼承而來的。

有一次和學生們看電視，看到現在競技武術裡劍花竟然有背花，我就對學生說：「劍不可能有背花，因為劍是雙刃的，只有刀才有背花，劍沒有背花。好多後來增加的動作招式，只顧著好看，都沒有考慮兵器和拳術本身的規律。違背基本規律的事情還有什麼好評價的？所以只能說都是胡練。」

用劍最主要的是在劍的前三寸。前三寸的地方，眼睛要一直盯著。劍總共那麼長，最終用哪兒呢？如果把力量往後放就不叫練劍了，劍變成了棍子，舞劍就變成了掄燒火棍。用劍的精華就在前三寸，帶、抽、撩、崩、撮、點、刺，全在這個地方，而其他部位都是為這三寸服務的。

另外，我對劍的理解是：劍不宜重，要輕靈；其次不需要太長，最標準的就是左手持好劍以後，劍尖與耳尖同高，這個長度正好；第三，劍講究的是逢堅避刃，遇隙削剛，避青走紅，不像別的器械有磕碰，它盡量不磕碰。所以說劍術的用法是獨特的，和傳統武術裡頭的打法不太接近。因為傳統拳術裡面最有特點的是接手，接手以後才有別的變化。

太極拳叫化拿發打，它必須要有一個接手的過程。但是劍術是避青走紅，也叫迎風接進。八卦裡面也有這個歌訣，叫「高不架，低不攔，迎風接進最為先」。避開對方，「青」是指對方的器械，「紅」是指對方的身體、血肉，是講透過身法、步法的移動，拿劍直接去刺對方。對方空手也好，拿器械也好，不和他有磕碰。那麼就此而言，最有效的就是解腕，用劍尖找對方的腕子。

器械中尤其是劍，有尖有刃，雙面開鋒，它不需要你有多大的重量和力量，關鍵是輕巧和快速，只要碰一下，血肉之軀就破了。

劍術代表著中國武術的一種技擊特質，中國武術最大的特點不是在徒手搏擊上體現，而是在器械上，尤其是在槍術和劍術上有極致的體現。

槍是長器械，劍是短器械。劍不需要大的力量，以輕巧取勝，與刀不同。刀有鋒有背，所以刀要纏頭裹腦，必須要有格擋的動作，才能發揮出刀的作用來。像大劈大砍、纏頭裹腦等動作的作用就是格擋。但是劍開雙刃，所以不能纏頭裹腦，否則不足以禦敵還傷了自己。

劍體輕巧，不能有大的格擋動作，所以才有抽、提、劈、刺、撩、掛、雲、抹、帶種種技法，其中點和刺是最具

劍術特質的兩種技法，也最能代表中國武術特色。即以輕靈制拙重，以小勝大，以弱勝強，以柔克剛。這正是我喜歡劍術的原因，它不僅是技擊、是武術、是力學，還是哲學與美學。

劍最難練之處還在於它有花，但最多有腕花。不像刀，也不像槍可以挽許多花，槍花舞開了像朵朵梨花盛開於前，繁花滿樹，十分華麗美妙。而劍術就像乾枝梅，搖腕以生花，雖然感覺枯，但是輕靈而沉雄，滯澀而流麗，矯若游龍，翩若驚鴻，以輕馭重，以柔克剛，至巧至拙，至拙至巧，要體現出遒勁老辣之美，好學而難練，易說而難至，必須靠身法、步法、劍指協調配合，一氣貫之。

劍術之規矩

我跟著師父們學劍術，以及後來我教學生劍術的時候，都很嚴格。從選劍到提劍、持劍的規矩，都讓他們知道。有一個學生跟我學劍，拿了一把家裡裝飾鎮宅的劍就來了，又重又笨，不合劍器度數。我就呵斥他：「你拿了個啥，不要練了，拿回去！」

第二天，他又拿了一把常人健身用的練習劍來了，我拿在手裡一掂，就又給他還回去了，說：「太輕了，不行！你別練了！」

看他驚慌失措的樣子，我也沒說啥。社會上鑄劍的技藝越來越粗糙，技術和科技倒是發達了，可是連把普通的、合格的劍都做不出來。

我常想，如果人心丟了，信仰沒了，科技的進步真的意

味著文明的進步嗎？三尺劍雖小，可以喻六合。實在沒辦法，我就從家裡拿了一把劍讓他用。

當時，這個學生連持劍的方法也不懂，讓我給他做示範時，劍刃向著我就遞過來了，我就不接劍，看著他不吭氣。他看我不吭氣，也丈二金剛摸不著頭腦，尷尬地站著。看他實在沒有概念，我才說：「劍不能這麼拿。給人劍的時候，劍尖要朝下，不能劍尖衝上，也不能橫著刃。」

在過去，劍代表的是祖師爺，帶劍、佩劍、用劍都要有規矩，恭恭敬敬的。給師父遞劍，給別人遞劍都有講究。帶著鞘的，兩隻手捧著遞過去。不帶鞘的，劍尖衝下，劍把朝上，上下垂直，雙手抱握遞過去，遞到對方手裡頭。

用的劍要傳統，教學授藝也一樣，我也用從師父那裡得來的方法，看人看得準，看得徹。就拿學劍的這個學生來說，經常是教完幾個式子之後，我就讓他去練，每天定時定點。他在一處空地上練，我遠遠地看著，不走近他，他也不知道我去了沒有。看一會兒，我轉身就回家了，不理他，讓他等著。觀察了一段時間，發現他確實是有心且用功的，我才紮實地教他。

每套劍術都是從第一個動作到最後一個動作，詳細地講兩三遍，看他心領神會，手上身上也做到了，才放他自行練習。龍形劍是這樣教的，形意劍、八卦劍等也是這樣教的。

退休之後，我有了更多的時間去研究和體悟劍術，雖然人生步入了晚年，可是我對劍術的理解也更深刻純粹，比年輕時更內斂。學生們說我練起劍來比別人輕巧靈敏，動作雖然特別小，但像行雲流水一般。比如龍形劍裡頭走的龍行三曲，行動起來聽不見聲音，像在水上漂一樣。

因為我年輕時學過戲劇，對於形體之美、舞台表演之美都有不同於通常武師的認知和理解，所以在平時的劍術表演中，我也有意無意地追求一種舞台上的藝術美，演練出來，別人看著也美。但是我又害怕學生們不知所以然，盲目地模仿我，所以常告誡他們：

「要實戰打人就練打人的，要表演就練表演的。有練法，有用法，有表演的法，各是各的。我反對把普及給大眾健身、表演、欣賞的東西與實用的傳統功架混淆在一起，那樣會給社會上一般的武術愛好者很大的誤導，會慢慢地讓表演性很強的『新編套路』替代了傳統套路。尤其是當下的學生們需要注意，表演就是表演，實戰就是實戰。」

現在無論是太極拳還是其他拳術，競賽套路、健身套路越來越多，讓更多的人在鍛鍊形體之餘，還獲得了不少武術知識和健康常識，這無疑是有益的。

可是另外一方面，太過氾濫的「普及」，也造成了傳統武術淺薄化、庸俗化的流弊，讓社會一般人士看不到傳統武術真正的內涵和高明之處，因而對傳統武術產生誤解，以為傳統武術不過是公園裡、廣場上老年人健身的東西，不能實戰。

一旦偏見和誤解產生、流布，年輕人可能就會慢慢地輕視傳統武術，不願學習它，或者更願意學習西方的搏擊。看到現在的太原街上，韓國的跆拳道館、西方的拳擊館隨處可見，我就知道我的憂慮並非多餘。

現在，我們亟須對傳統武術進行整理，建立其適應時代的訓練體系，開發實戰訓練器械和方法，從原理到方法手段，都要弄得清清楚楚，科學、系統地教給後輩。

景炎先生

除了前面提到的幾位先生，我還和很多人學過劍術。無論是新中國成立之前還是之後，只要聽說誰劍術好，無論在武術界有名沒名，我都會專門去求學。尤其是在新中國成立前，因為家裡的經濟條件還可以，父親常常資助我到外地學劍術，花了不少錢。比如專門去北京和天津訪師學劍術，每次父親都給我三四十塊大洋。

有一次偶然聽說北京天橋的李文貞先生擅太極十三劍，我就專門去了北京找李文貞先生學習。後來他學習戲劇，對戲劇裡面的劍術也下了不少工夫，像戲曲裡面的雙劍、穗子劍等，都用過工夫，還吸取了一些舞台表演的成分糅在劍術演練裡面。我在北京學習戲劇的時候，河南豫劇團來北京交流，見我練穗子劍，其中一個演員就隨口說了一句：「我們團的某某人長穗劍練得特別好，可惜這次沒來，不然你們可以交流交流。」

我趕快要了地址，專門去河南請教學習長穗劍。長穗劍難練，難點在於練開後穗和劍要形成一條線，挽各種花的時候能一直保持一條線。舞動起來要做到上下翻飛前後滾動，和身體貼成一個立圓。我又把拳術裡的步法加了進來，在練長穗劍的時候，步法轉換、前後轉身時身體的協調更自如，顯得非常流暢漂亮。

在劍術的學習過程中，丘景炎先生對我影響也很大。當時我與一位先生去河北國術館，該館設在天津的東馬路。那裡聚集了大量的武術名家，當時我還年輕，愛聽先生們聊一些逸事。

有一次聽到座中有一位先生說到劍術，很觸動我，我就找機會悄悄地請教他，能不能向他學劍術，他哈哈一笑。在請教他的名字時，他帶著河北或者山東方言的口音，我聽不太明瞭，只聽他說叫「景炎」，我就順口叫他「景先生」，他也沒糾正我。後來再見，直接就叫「先生」，以至過了好久，我都誤認為他姓景。向一些老師父說起「景先生」的時候，他們都很疑惑，說好像沒聽說過這個人。

我和景炎先生學習時，雖然對他的背景和經歷不甚瞭解，但也約略知道一些訊息。比如他的劍術是和李景林先生學的，他原是李景林手下的軍人，李景林先生掌直隸軍權的時候，還請自己的師父宋唯一先生在軍隊傳授劍術和拳術。宋先生是武當派劍術大家，神乎其技，景炎先生在軍中也頗受益於宋先生。後來因為李景林先生被馮玉祥逼出天津下野，南下上海休養，專事於武術事業。

李先生南下後，景炎先生還在北方，來往於濟南和京津之間，在河北、山東寓居不定。後來山東國術館創辦，景炎先生似乎也有教職，專門負責某處分館。

從景炎先生這裡，我學到了三才劍、三合劍、武當劍、武當對劍等，在這些劍術裡面，李景林先生改編或者增添了不少內容。李景林先生在當時被稱為「劍仙」，有武術家評價說：「拳術以孫祿堂先生為絕，劍術以李景林將軍為絕。」人以為知言。

另外李景林先生還善用長劍，《申報》曾有文報導：「芳宸劍術絕高，不在八卦劍之下。芳宸能運用九尺之劍，縱橫如意，未有能當之者。」

芳宸是李景林先生的字。我雖沒見到景炎先生用「九尺

之劍」，但也見過他演練長劍。他的長劍較一般的長劍略長尺許，身法、步法極其靈動，如龍如蛇。這對我後來再練龍形劍有極大的啟發。

因為交通的關係，我向景炎先生學習不那麼便利，學習的時間也不能很長。但是從他那裡學到的幾套劍術，讓我受益匪淺。尤其他是行伍出身，武術極講究實戰功能，所以其劍術比我在社會上、劇團中學到的更凌厲實用。可惜後來和景炎先生失去了聯繫，新中國成立後我多方託人打探，竟不知所終。

孫式劍與太極劍

剛才說到了三才劍、三合劍，我不得不說點題外話，也都是一些陳年瑣事。事情的起因是一個剛學完三才劍的學生，有一次他來我家閒聊，也就是前些年的事情，那時我還不到九十歲。

閒聊中他問：「師父，我在網絡上看到孫式太極劍的影片，怎麼感覺和三才劍這麼像？」

我就讓他設法給我弄來看，他還順便帶了孫式太極劍的相關圖書。我看了一下，就想到了和孫劍雲先生在陶然亭公園套劍的事情。

孫氏武學有三拳三劍，三拳是形意拳、八卦掌、太極拳，三劍是純陽劍、八卦劍和太極劍。孫祿堂先生在世的時候還沒有太極劍，孫氏的太極劍是孫劍雲先生傳出來的。而這套太極劍是怎麼來的呢？我們可以拈出幾條疑點想想此理。

　　三才劍本身是形意拳的一個劍術，當時在中央國術館也是很普及的一個套路，有對劍，就是分上下劍。一趟練完後，前一半和後一半分開，兩個人就可以對劍。

　　現在的孫式太極劍也有上劍和下劍，這是巧合嗎？除了這個結構外，具體招式大家也可以對比，這套太極劍確確實實和三才劍幾乎一模一樣。

　　當時我在陶然亭公園與孫劍雲先生學孫式太極拳時，我們就聊到，楊式太極有劍，陳式太極有劍，吳式太極也有劍，而孫式太極沒劍，太可惜了，我就開玩笑地請孫劍雲先生編個太極劍。後來我們對練，就把三才劍給套進來了。

　　不管怎樣，嚴格地說，太極劍不叫劍術。為什麼呢？通常的太極劍是拿拳套劍，所以這個劍練起來就不符合劍法的規矩，那是拳法，用的是拳術的身法、步法、手法，把拳術的手法變成了劍法。

　　陳式太極劍用劍像拿個棍子一樣，還有楊式太極劍也是如此。比如楊式太極劍的野馬分鬃，劍術裡面不可能有這樣的動作，這完全是用拳套出來的東西，並且套得太機械，所以看起來怪怪的，都不符合劍法。

　　依照傳統的劍術要求和劍術的立場去看，像八卦劍、形意五行劍，都是拳術的變化而不是劍術，實用不實用是另外的判斷。而像青萍劍、三才劍、六合劍、龍形劍等，這些才可以稱為劍術。因為這些劍術雖有形意、八卦的勁力，但還是劍術的格局和法度，是劍法。

　　你看五行劍完全就是套五行拳，十二形劍就是套十二形拳。如果不用劍，套路不變，兵器換成棍子、鞭子、刀都行，大同而小異。雖然兵器換了，一個叫作太極拳，一個叫

作太極劍，一個叫作太極刀，其實好多東西還是硬套在裡面。拳術和劍術是有區別的，不能生搬硬套。

再從步子來說，用雞步、弓步是最輕快的。雞步是啥？擊劍的步子，前腿帶後腿。但是用形意拳的這種步，練出來就不像劍術了。器械上有的東西也不能套取，形意拳是脫槍為拳，槍術和拳術有關係。

這裡就說武術，最早來說先是有器械，後有拳術。我們說十八般武藝裡頭，前十七樣全是器械，第十八樣叫白打，白打就是赤手空拳地打，它是排在最末位的。在古代戰場上，和人徒手格鬥是最低級的，它僅僅作為一個基礎。古人在格鬥當中首重器械，所以對器械的要求更高一些。戚繼光在《紀效新書》裡面就明確說，軍隊的操練，把徒手搏擊作為基礎的訓練，並不能用在戰場上，它是最末的。

形意拳脫槍為拳，槍是原先舊部隊的武器，槍術是戰場上的武藝，慢慢到了民間。明末以後，民間的武術快速發展，才真正形成門派。說脫槍為拳，是指拳法是從槍法裡面演變來的。八卦叫刀拳，是把刀法的東西放在拳法上，以掌帶刀。所以說拳術和器械的關係很微妙，拳術裡頭可以有器械的勁力和練法，器械裡頭卻不能帶有拳術，不能本末倒置。

這是一個很傳統的觀點，也是我很介意的觀點。父能生子，子不能生父，正本才能清源，源流不能相混。正如我們學習書法，隸書裡面不能帶楷書，楷書裡面可以帶隸書的東西，劍術與拳術也是這層關係。

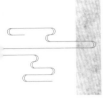

藥變還丹道難成
—— 內功雜談

與胡耀貞的緣分

我對氣功最早的認識，或者說比較系統全面的認知，是和胡耀貞先生學習的時候建立起來的。胡耀貞先生給我的印象一直很神祕，儘管辛元先生不主張我和胡先生學習，辛先生在的時候我也沒敢主動聯繫胡先生，尤其胡先生離開太原在北京揚名之後，我和胡先生的因緣似乎也就中斷了。

但我每次練形意拳、站三體式，都會想到當時在海子邊遇到胡先生，他給我展示氣功的事情，想起他站的三體式和留在土地上的兩個深陷的腳印。

和胡先生建立起新的聯繫，是後來的事情。胡先生晚年的時候，又從北京返回了太原。去北京前他住在橋頭街，和我家老宅是街坊。晚年回來不住在原來的地方，但還繼續行醫給人看病，也教些弟子。在這個時期，我和胡先生的師兄弟郭萬龍交往密切，透過郭萬龍，我又和胡先生建立了聯繫。這次相見，胡先生也很高興。

在此之後，胡先生看我練的形意、八卦等拳術，滿意地點點頭，說：「不錯！不錯！怪不得辛少軒捨不得讓你跟我學，是個好苗子！學得紮實，悟性也好！」

胡耀貞畫像（閻子龍繪）

　　胡先生又專門交代郭萬龍常帶我去他那裡，還讓我有空就去找他。我也就常去拜訪他，聽他講講北京城的「人物」和逸聞，慢慢地也學了不少他的功法。經由一段時間的接觸，從覺得他神祕、神奇、深妙，到探究他、瞭解他，我對胡先生有了新的認識和看法。

　　現在，幾十年過去了，我也有了一些真實的驗證。現在回頭看看幾十年前，從見地上來說，胡先生當時並沒有那麼高深，他還僅僅停留在追求功法的狀態，還沒有達到性命層面。

　　首先，在功法上，他練功就是要拿住丹田。胡先生講的丹田與別人稍有不同，他說丹田在臍內，不在臍下。守住三個點：臍內、命門、會陰。先守臍內，再守命門，再守會陰，三點來回循環。功夫小成後，再從臍內到腳心，然後再到臍內，到會陰，到睪丸。所練功法不同，所守部位也隨之不同，但臍內是最主要的地方，這是胡先生功法的一個特點。

　　其次，呼氣。在呼吸方面，他不強調丹田呼吸，就好比煉丹田呼吸或者練臍內的時候，先吸氣進去，呼氣呼到命門，吸氣呼氣幾次以後就不動了，最多七次呼吸。不動了之後，意念就停在臍內，然後自然呼吸。這是要以這個呼吸來引動先天呼吸，也是他功法的特點。

　　第三，胡耀貞先生是自發功，習練過他的功法，多數人能出來自發功。

　　他編著有《自發五禽戲》一書，非常著名。這套功法，練著練著，你自己的動作就產生了，熊經鳥伸等等就出來了。當時他的手稿剛完成，我還手抄了一份，和現在出版的

不太一樣。現在的版本有些是語言上的潤色，有些是功法上的改動，有改得深奧的，也有改得含糊的。

世人都愛玄虛的東西，不玄虛不隱晦，太淺顯直白，世人如何會愛呢？《道德經》云：「明道若昧，進道若退，夷道若纇。」我常自思：精通道家的胡先生怎麼能不知呢？是知此才反其道而行之嗎？又云：「恍兮惚兮，其中有物；窈兮冥兮，其中有精。」學胡先生者當實實在在地找到其中的「物」，不要愛戀恍惚、窈冥的虛言。

丹道核心與胡耀貞的侷限

當時在胡先生的諸位師友中，郭萬龍很得胡先生的信任，我和郭萬龍相互很投契，交往也比較密切。胡先生教的功法和理論，我常和郭萬龍切磋交流，從郭萬龍那裡見到了許多胡先生的手稿資料，我都分門別類地進行了摘抄或者整本抄錄。

像前面說的那樣，在和胡先生學氣功之前，我已經跟隨幾位先生學了一些真東西，再加上我受父祖的影響，愛讀書，愛藏書，博收雜覽，也攢了不少道家丹經子書，不少是抄本和孤本。正是如此，我絕非容易盲從之人，再加上當時年輕氣盛，也絕不肯輕易服人。所以對胡先生講的理論，我都會反覆地查找資料、請教其他老師進行印證。

比如在修練的功放氣脈方面，我就和力宏和尚討論過。考證得多了，我慢慢就有了更多、更完善的理論依據和更強的辨別能力。總的來說，胡耀貞先生是正宗的龍門派出身，他的功法大都淵源有自，實在精妙，沒有問題。胡先生的問

題在於，他是從更舊的時代來的，他的功法是好的，但他對功法、修練的看法確實有些問題。功法本是修練的一種技術方法，而不是終極目的，追求終極的解脫不能單純迷信或者迷戀某種功法，更重要的應該是心性上的修養和解脫。

可以說那時候的胡先生在眼界、見地上是有不足的，他還帶著傳統的迷信觀念。在功法和技術上追求得太過執著，有些時候忽略了心性上的修養。其實有些功法很簡單，練了之後氣脈上會有變化，對身心都有好處，可以用一輩子。但關鍵還是要有見地，有了見地，功法就是了生脫死的法門；如果見地不夠，再好的功法也只是一個養身的技術；如果見地錯誤，說不定練功還會走火偏差。

所以我練氣功得到的最重要的一個體會或者說觀點就是：練氣功必須要有相當程度的學識修養和健康的心理。所謂的走火入魔，並不是功法的問題，是人本身的問題，是情志有問題。教育程度較低、德行有虧缺、情志敏感的人，練功時在極靜的情況下往往會出現大喜大悲，或者幻視幻聽的情況。從心理學來說，這是心理暗示，自己給自己暗示，就容易出偏差。其實大道至簡，我認為練氣功也是如此，要抱元守一，守一不移。要有恆心、耐心，不要變，不要朝秦暮楚。練什麼方法就守住，一直往下做，抱定這個方法。

丹經方法很多，說法也很多，老實說多數都是說效驗的，或說練功的過程，或說過程中出現的感受，但這些感受是因人而異的，並不是每個人都相同。而且那些過程和感受並不是方法。

如果讓我現在來說，下手的方法其實很簡單。不管練什麼功法、不管用什麼方法，目的只有一個，我用一個字來概

括——靜。丹道只是一個「靜」字，這是核心。《清靜經》
裡說：「人能常清靜，天地悉皆歸。」若能靜下來，就天地
歸本。關於丹道的修行，我的理解就是「天人合一，天人感
應」八個字。天人如何感應？

從道經、易經上來說，要後天八卦反先天八卦。後天八
卦是坎離，先天八卦是乾坤。乾坤變成坎離，變成後天，也
就是人的身心。透過修行，抽坎填離以後，身心變成天地。
身心變天地是什麼？就是天人合一。坎離是水火，水火是身
心。

如果從氣脈上來說，水是腎臟，火是心。心火下走，腎
水上升，陰陽一顛倒就是坎離相合。然後做到身心融合，心
不動龍吟，身不動虎嘯。心不動龍吟，元神自安；身不動虎
嘯，元精自生。五行攢簇，四象和合。五行是金、木、水、

苗樹林（二排左一）、張安泰（二排左二）、安慰（二排右二）、郭萬
龍（二排右一）與弟子們合影

火、土，剛才我們說到了水、火，但是修行不要只在水火上下工夫，要找水火的根是什麼。火的根是木，水的根是金，金公木母。金和木是什麼？是性和情。

有人說東說西，有很多解釋，但丹經上說得很明確，就是性情。性是什麼？寂寂惺惺，空檔中有妙處，這個裡頭叫真汞。木母是什麼？是情。情是什麼？情中有性，後天當中又有先天，是陰中之陽，是真鉛，是寂寂惺惺。金是寂寂惺惺，就是在一念不生的時候還有了分明。就是說即便我們什麼都不做的時候，還是要清清楚楚的，保持覺照。

什麼是木母？是惺惺寂寂，就是在外做一切事的時候還能保證一念不生。就是說不著在上面，不黏在上面，自然就是惺惺寂寂。這才叫真正的鉛、汞。但是怎麼讓汞不飛呢？鉛能夠制住，真土又能擒真鉛。真土是什麼？是意，意土。意說白了就是觀照。

至於「觀照」二字，想徹底弄明白，就要明白「三心」：人心、道心、天心。「三心」是我個人的觀點和總結。「三心」中人心是妄心，天心是妙心，是根本的清淨之心，人心和天心要靠道心相攢簇。道心即是照心，拿道心去照人心，自然能夠合天心。這是一個重要的觀點，其實這個就把丹經說清楚了。

在氣功的修養上，我的這些理念和觀點，可以說能夠把下手的功夫講明白。真正的丹道修養並不在氣脈和感應上，這些感受是附帶的。有沒有呢？客觀地說是存在的。而這些氣脈修練，最多能強身健體，保養身體神氣，和道無關，不是真正的內丹。

「丹」是什麼？丹是大道。大道是無形的，並不是有相

的。所以具體到丹功附帶的叩齒咽津、存神服氣等，都是一些具體的方法，並不是真正的大丹。可以說都是術的方法，和道沒有關係。

可是這些方法有沒有用呢？我們的身體常有疾病，身安則道隆，你有方法才能調節，所以這些術、這些功法還不能忽視。道家求長生並不是長壽，長生與長壽不是一個概念。長壽指與天地同壽，是說得道之後的境況，不是肉身永生不壞。肉身可以得長壽，但並不可以得長生，肉身不會永遠不壞不死。

追求長壽的目的是什麼？是保證我修行，不能沒修成就死了。如果到下輩子又迷糊了，不一定有機緣或者慧根修道，所以說要把此生壽命延長。假如一個人二三十歲就死了，還修什麼呢？世上沒有幾個顏回，顏回三四十歲去世能成復聖，而我們普通人三四十歲可能還在找修道的路。

所以道家對身體重視，對壽命重視，並不是貪生怕死，而是為了有更多的時間去修道、得道。攬陰陽，奪造化，扭乾坤，轉氣機，這是道家的一種思想。陰陽、造化是什麼？就是性命，攬陰陽、奪造化就是讓他不生不滅。乾坤、氣機是什麼？就是身心和天地。扭氣機是說我們在生活當中處處有氣機變化，要主動把握陰陽，這是真正的丹道。

和胡耀貞先生學習的時候，我能夠很快理解他的思想，掌握他的功法，甚至可以準確地進行歸納和總結，除了以前讀書、習武的積澱之外，還得益於力宏和尚。力宏和尚傳授給我的佛學知識、佛教信仰和佛教的修行方法讓我在心性修養和見地上都有了相當的基礎，所以在接受丹道時，我並不覺得吃力，似乎是順理成章、水到渠成的事情。

　　鑒於此，我也想對當下或者後來的修道人說幾句，無論修哪一門、哪種法，書不可不讀，理不可不明，信不可不堅，心不可不誠，見地不可不高，功夫不可不恆。

丹道與玄關的功法層面

　　剛才說了一些見地上的話，具體從功法上來說，下手方法無外乎拿住丹田。胡耀貞先生就強調「拿住丹田練內功，哼哈二氣妙無窮」。一句是說丹田，一句是說呼吸，見效最快，對身體也是最好的。

　　需要注意的是在火候上要把握好。比如沒病的人，平時練功就用文火，有病的人就用武火，強呼吸。呼吸分為風、喘、息三大類，喘、息好理解，「風」就是呼呼地吹，用意念往丹田吹。鼻吸鼻呼，能聽到聲音。幾個呼吸之後，丹田就慢慢地變暖和了，這時治病是最快的（有病的時候，哪裡有病就想哪裡，意存病灶，或者乾脆守丹田）。當然這個必須要有一定基礎，不是練一天兩天就管用的，前提必須是能氣沉丹田。

　　氣沉丹田如何沉？就在「鬆」「緊」兩個字。形體上中正安舒，不是前俯後仰，形體不安舒規範，氣息是怎麼也通不來的。肢體動作就好比是自來水管道，你把它鋪順了，氣息自然就能流通，進步的速度自然就快。再者是放鬆，放鬆以後身心沒有阻礙，更順暢。

　　就好比同樣一根水管，流線型的和有曲折的就不同。如果是流線型的，水「唰」地就過去了；如果你一折，全是死角，就憋住了，水的流速就慢，甚至不流動。如果放鬆了，

裡面是通暢的；如果僵硬了，裡面是堵塞的，氣息自然就不順暢。所以說姿勢很重要，要以中正安舒為主。

身心安舒了，形體擺好了，其次就是用心的方法。這裡就要說說玄關。玄關一竅，有內玄關、外玄關之別。玄關一竅，從理上說，不在內不在外，其實和佛性、道體是一回事。我們的舉手投足、行立坐臥，都是玄關的作用。

人和天地萬物如何相接呢？就是用玄關。不在身內，也不離身內，不即不離。如果說非要找一個竅位作為下手方法，最相似或者說最穩妥的就是臍內。因為臍內藏一點真陽，臍帶一剪，先天的一點真陽就落在了臍中。而臍又連通兩腎，腎是先天之本，所以說這個地方是氣穴。男藏精女藏血，都在這裡，所以這是一個竅位。

關於這個竅位，也有爭論。有人說在臍下一寸三分，有人說在臍下三寸，並且這些尺寸說的是人直立的時候肚臍的正下方，其實這樣理解是不對的。真正的臍下，是說躺下以後的肚臍下面，並不是人們說的直立時肚臍的下面。躺著的「下」，站起來應該叫「內」，或者叫臍後，一字之差，懸隔萬里。

簡單地說，古人說的「臍下」就是指「臍內」，就是腎和臍中間，前三後七的地方。如果是身體健康的人，就守前三後七，如果是身體虛的人、患有疾病的人，就守前七後三。守靠命門的地方，就是所說的玄關。

玄關說清楚了，再說說精、氣、神三寶。精、氣、神三寶要分清元精、元氣、元神、交感精、呼吸氣、識神幾個概念。元精是一種能量，看不見的。人們常說精神、精力，有了精才有神，有了精才有力。

男人的元精叫精，女人的元精叫陰精。元精是人的能量。元精和交感精的區別是，元精是不動念頭時候的能量。一有了男女的慾念或者說情一動，元精便成了交感精、濁精。所以古人說「情一動，精必搖」，並不是男女交合的時候才變，一動念就變了。這種變化便生了渣滓，即生了有形有質的東西，只不過沒有洩出來而已。

所以在要洩或者遺精的時候，點穴、呼吸等方法都沒有用，回不去了，已經變成了別的物質，變成了血，常聽說有人用功不慎會血尿。這是說精。

什麼是氣？氣有先天之氣，有後天呼吸之氣。在練功時，要善於調用後天呼吸之氣。呼吸之氣是什麼？就好比是煽風點火的效用，是一個引子。好比放炮，爆竹要有個捻子，用捻子引燃爆竹。呼吸之氣就是捻子，用這個氣去引動先天之氣。精如何化氣？從氣脈上講，水上火下，以火燒水，水就汽化了，精就變成氣了。

從生理上說，氣要化為神。神有元神和識神之別，我們常說的精神衰弱，和氣有關係，氣力一衰弱，精神也衰弱。識神是我們後天的思維。

元神是什麼呢？元神是不動的、清淨的、先天的。但是元神當中又有後天的，它有作用。

識神當中又有先天的，陰中有陽，陽中有陰，太極圖中只說這個。

禪宗說是惺惺寂寂、寂寂惺惺。道家說是真鉛、真汞，陰中之陽，陽中之陰，先天中是後天，後天中是先天。剛開始分先後天，到後來就不分了，是一體的，後天是先天，先天也是後天。

　　我跟胡耀貞先生學功法時，胡耀貞先生主要強調守三個竅：丹田、命門、會陰。最終胡先生對丹道的理解還停留在功法上，認為是要有功能的，要出來超乎常人的特殊的東西，然後還追求一個長生，他還迷戀雙修。

　　他一直在走下三路，老是在這些地方做文章，老是過不了慾念這一關。因為精一生，人的慾望會更強，守不住就要出問題。所以胡先生最後還是吃虧在這個上頭。

王玉鳳：丹田有三

　　除了胡耀貞先生外，我還跟王玉鳳先生學過。王玉鳳先生是個奇人，先天就有一些常人不具備的能力，不是完全靠後天修練的。他的功法不止一家，道家的和佛家的都有，混合在一塊兒了。過去王玉鳳的東西是保密的，他相當保守和謹慎，絕對不和人說。我開始的時候沒想著和他學什麼，只有單純的一個目的，就是向他請教或者印證一些我從別的老師那裡得來的東西。接觸得多了，他見我沒有什麼不好的心思，也就和我說了一些東西。

　　他說丹田有三。之前我從龍門派學到的是祖竅藏神、膻中藏氣、臍內藏精，這是三個丹田。王先生說的是什麼呢？他說上丹田在臍內，中丹田在兩睪丸的中間，下丹田在會陰，這叫三田。一開始我很懷疑，但是有時候我也仔細考慮，在提肛的時候睪丸中間確實會麻一下。藏精不在肚臍而是在睪丸，現代醫學也可以證明。守竅守哪裡呢？中丹田，他說的中丹田就在兩睪丸中間，男人就守那兒。這有個好處，就是行、坐、站的時候，沒事做就想著睪丸中間，一個

月就能出功能，什麼出陰身之類的都能出現。王玉鳳先生講的東西，最不同的就是這些。

我跟路開源先生也學過丹道，路先生對這個的理解不一樣。路先生不喜歡那些玄虛的東西，他更重視心性和見地。比如他講精、氣、神三寶，就是佛教的身、口、意三業。他說身體亂動就走了精，意念亂動就走了神，嘴巴亂動就走了氣。精、氣、神三寶，身、口、意三業都在這兒。守住了身、口、意三業，自然就有了精、氣、神三寶。這是獨一無二的說法，我見過很多修道的人，沒有這麼講的。

依照路先生的意思，守住身、口、意，自然就有精、氣、神，三寶自然充實，不用刻意去練。當然他也練拳，也練其他功法，只是他對三寶的理解是這樣獨特。上面漏的是神，中間漏的是氣，下面漏的是精，身體累了容易傷精，包括妄動也都傷精。

路先生在四川時，接觸過很多道家的異能之士，學過這些，再加上他本身有文化，眼界高，所以他的理解又是一套，算是各有妙悟吧。

丹道的氣沉丹田、丹田內轉，路先生也講，只不過他是從武術出發來講的，他講的丹田也是臍內，不是臍下。他贈給我的手抄拳譜裡，有一節就專門講意守臍內。

氣沉丹田首先是由自身結構沉下去，然後就是丹田內轉。丹田內轉如何轉呢？路先生運用他的一套功法，讓它側轉、立轉、平轉，轉起來對內臟有好處。

所有的動作用丹田內轉來帶動，其實也沒有先後、內外，內動外動是相互作用的。有一種說法是腦要靜，腹要動，其實是很符合丹經的科學練法。不過古人說「真傳一句

話，假傳萬卷書」，氣功流行了好幾波，我看氣功的一些現象看多了，發現多數是盲修瞎練。

從修行上看，從生死上說破，最難斷的就是男女之愛慾；從身體上、氣脈上講，最難斷的也是這個。歌訣說：「寶劍插在三江口，管教黃河水倒流。」三江口是指任督脈和陰蹻彙集的地方，就是一個交叉點。寶劍是什麼？是一把慧劍，就是清淨的心。這個是根本，但多數人做不到，一到這兒就遺精了或者有房事了，吃虧大部分還是在這上頭。

其實不光是修丹道，包括學佛在內，如果在愛慾上面站不住，看不破，最終還是一場空。見識不到，定力不夠，不能了生死。但只要是可靠的功法，一般不會有偏差，很少有人在功法上出問題，大多是在情志、學識不足，理解不夠上出的偏差。一切功法，無外乎守竅、念誦、呼吸、觀想這些方法。

佛教叫觀想，道家叫存神，或者叫出入息，或者叫六妙門裡面的，或者叫安那般那，都是講呼吸上的方法。在念誦上，佛教念阿彌陀佛、念咒、念聖號、念經，道家也一樣。其實所有的方法無非是一個目的：收攝住身心。

身不妄動，心不妄動。身不妄動，自然就元精生；心不妄動，自然就元神安，自然就龍吟虎嘯，水火既濟，心腎相交，鉛汞相投，全在這裡面了。

氣降丹田、丹田內轉，丹道如此，要練拳的時候也是如此。我常要求學生在練拳時眼平舌捲、氣沉丹田，眼睛平視，眼神跟上。眼是藏神的地方，絕不能閉著眼睛練拳。就是不動的情況下閉住眼，神是安的，但動開以後眼神必須跟著你的動作走，跟著神走。精、氣、神才能調動起來往外

放，所以眼神必須要有。

眼平舌捲，舌抵上齶，並不是閉上嘴就完了。真正的舌抵上齶是，我們的「天花板」上不是有兩個槽嘛，那兩個穴位是齦交穴，要用舌頭把這兩個地方填滿，讓下面是空的。閉住嘴以後也必須是舌頭在上面頂著。舌尖不在前面，而是往後一點點才能夠填住。這樣津液一會兒就滿了，滿了以後再往下嚥。如果是空咽就容易起胃火。這是眼平舌捲。

做到之後，再由身法以氣降丹田，使丹田內轉。後來我也老了，練什麼都練得少，日常最多的就剩下念誦，反而愈加覺得唸誦對修養有不可言喻之功效。現在常念誦的有觀世音菩薩的聖號、《普門品》《大悲咒》，主要是《大悲咒》。在念《大悲咒》的時候，用金剛持，唇齒微動，聲音不大，自己能聽到就行，不大聲念，也不默念。默念傷血，大聲念傷氣，這就是我常讓學生們注意的地方。

比如教學生站樁練拳，讓他用練拳的呼吸方法去念佛，結合出入息念佛。吸氣從督脈上來，提到百會，呼吸下去走小周天路線。吸氣「阿彌」，呼氣「陀佛」，或者吸氣「觀世音菩薩」，呼氣「觀世音菩薩」，轉著念。調息的同時，氣也自然地練了，佛也念了，還能收攝住心。這是我晚年總結的，用來教人的。還有一種，可以專誦六字大明咒，念誦時走六個明點，隨著咒音觀想明點，能通中脈。

下編

安慰先生武學遺錄

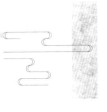

拳理探微

拳理歸約

任何拳術皆是由協調四肢的動作，於外使技發力以顯技擊之能，於內收回渙散之精氣，以達修養之效。雖歷代拳種繁多，風格迴異，理則不外「形、意、氣、勁」四字，於形而言又有「中、和」二字。

「**中**」有兩層含義，一為立身中正，不偏不倚，正則八面支撐，縱向立如秤之準，橫向方能活似車之輪，前不過足尖，後不過足跟，進退須守中，左旋右轉亦須守中；二為伸手投足必發之於中線，三尖相照，方可顧打兼備，力點準確，勁力均整，處處不離中心，方能圓轉變化無死角。

「**和**」可理解為六合之意，外三合（手足、膝胯、肩肘）得法，上下方能相隨，遊走變化轉換靈活。形式合，速度方能快，勁才能整，如常山之蛇，首尾相應，而立於不敗之地。

此二字皆以自然安舒為統攝，形貴自然而不尚奇特，大道至簡，形愈簡，理愈明。形式愈奇特，則離道愈遠，技擊時亦無可是處。拳術高妙之處正在於，以最簡潔之形式，練出最深厚之功夫。此不可不知也。

有形無意之拳術難至神明，意之一字，微妙難思。如站樁時形體不動，意想手往上扶，則有上扶之力；意向下引，則有下按之力。雖形不破體，外人不見其勁，然如人飲水，冷暖自知。古人云：「心想事成。」拳術中體現尤為明顯。

在形式中正的前提下，意守丹田，用功日久，丹田則有熱脹之感；意守勞宮，勞宮感覺亦然，其實全是意之作用，並不玄妙，也甚玄妙。故古人云：知之一字，眾妙之門。一切法從心想生。聖賢之語，不欺人也。然又不可著相，意為人心所變化，不可認作真實，視為渡水之筏可也，學人須細辨之。天為一大天，人為一小天，人之行住坐臥、呼吸往來與天地宇宙同根同體。故行拳時要有意境，情景交融，內有情而外有景，外睹景而內自生情。

內家拳術中，近取諸身，遠取外物，龍虎之形，金木之性，象形而取意，用意而生形，至神明時，拳無拳，意無意，無意之中是真意。然進階之中，非用意無以顯其形，非用意無以化其象，非用意無以現其景，非用意無以生其情，意之用大矣。

今人一言氣，皆感神祕莫測，虛幻不實。實則人在先天之時，神氣充滿，百脈暢通，及至後天，沾染五慾六塵，食用油甘厚味，經絡閉塞，神氣虧損而不覺。若得神氣回收，氣機充滿，必由形與意中來。形正、體鬆、意靜，氣機自然可歸經納絡，充實而暢通。

先天氣加意而化形，後天形合意而生氣，此種關係務要明瞭，切不可徒自吹噓吐納，意念導引路線，有心禦氣，氣反奔騰。氣以直養而無害，果能為人行端表正，一顆直心，不養氣自能達天年通造化，為術若能形正、體鬆、意靜，自

能不用氣而氣自充，力大勁整，禦敵保身。

形、意、氣、勁互為表裡，又層層遞進。常人打拳踢腿曰用力，勁又為何物？氣聚於內而不發曰養氣，發於四肢項背為運氣。物理學中力是質量乘以加速度，用意做出合理順遂之形式，調動自身質量加以速度再合於氣機，發之於外，便是勁。

簡言之，勁是形、意、氣三者結合之產物。勁之形式曰剛、曰柔、曰長、曰短、曰曲、曰直，皆是形之變化、意之生成、氣之催使。故高明之拳術，必是形、意、氣、勁四者相輔相成，離其一則其餘三者皆不成立。故習技者在此四字上多加明辨，勤用功夫，三冬兩夏，功自成矣。

拳術十字辨

武術拳種雖不可勝數，然演練之理法最切要者可歸結為「形、勢、剛、柔、順、逆、動、靜、起、落」十字。而此十字皆以「陰、陽」二字統御之。

一、正形勢

形即每個定式靜態之有形，勢即定式過渡動態之無形。形宜正，勢宜圓。習者多是重形而輕勢，殊不知，形無勢則無以變化，勢無形則無所依存，形正則氣力可充，勢圓則勁節方顯。

每個定式務要精準，符合外三合之規矩，三節催，四梢齊，在過渡之時必要流暢圓滿，不圓則致丟勁、斷勁。《太極拳譜》云「無使有凹凸處，無使有斷續處」，正是此理。

形中有勢，勢中有形，此陰陽相生之理也。

二、辨剛柔

「剛柔相濟」一詞已在形容各種藝術形式時被用濫，每見武術表演中，忽而硬，便謂之剛；忽而軟，便謂之柔，誠可笑也。

剛柔是一整體，所謂剛柔相濟，並非一會兒剛、一會兒柔，剛與柔同時貫穿於整個拳術演練過程中。

何為剛？柔中之剛，硬而有彈性，謂之真剛。何為柔？剛中之柔，軟而有韌性，謂之真柔。含蓄之時，顯柔而隱剛；發放之時，明剛而暗柔；既剛而柔，既柔且剛，此為剛柔之真義，亦是陰陽之妙理也。

三、明順逆

孫祿堂先生的著述中多言「順中用逆，逆中用順」。順逆實為演習武術之關要，手足向前運動之時必有向後撐靠之意，向左必有右牽之意，後退有前探之意，向右有左引之意。手起而身落，手落而身起，順逆互用，方能八面支撐，不致有雙重之失，而能立於不敗之地。

順逆明瞭，則保身形中正不倚，力點準確無偏，筋骨撐拔，氣血充盈。順逆互生，可顯陰陽和合之功。

四、知動靜

「養靈根而靜心者，修道也。養靈根而動心者，將敵也。」形意古譜中此句將動靜之意已詮釋明瞭。動靜互生互化，靜可修心養道，動可將敵保身，然將敵中亦有動靜，修

道中亦有動靜。演習武藝形意相合，動作之時，神意守於四肢，知行合一，為動中之靜；修道時，外則端坐寂然，內則氣脈流行，為靜中之動。

若單言武藝，打拳踢腿專注於動作屈伸往來，意到、氣到、力到，用功日久，亦能生靜，若以修道而言，此中靜境亦有侷限。靜須動中引，動須靜裡求，「大動不如小動，小動不如不動，不動之動方是生生不已之動」。若是靜功已至極處，明心見性後仍需事上磨煉，則不妨說「大靜不如小靜，小靜不如不靜」，又何來動靜之分？

五、懂起落

形意拳尤為強調「起落」二字，其實不獨形意拳，任何拳術皆不離「起落」二字。

起落非高低起伏之意，周身每個拳式過渡之時，或曰拳掌將發未發之際，是為起；落則是拳式固定之時，或曰拳掌已發之時。起時身橫、手橫，前足亦橫；落時身順、手順，前足亦順。一起周身起橫鑽，一落周身落順翻，身之蓄發，配以手足之橫順鑽翻而致有顧有打，起橫鑽時為顧，落順翻時為打。

至高級階段，顧打一體，起也打，落也打，鑽也打，翻也打，一觸即發，不鑽不翻，一寸為先。

若能參透以上十字，拳術功夫自然不俗。在演練時，又須合乎武術普遍之理，彰顯本門獨特之能，將每種拳術之風格特點體現淋漓，發揮盡致。遵共性，顯個性，必能光先裕後，繼往而開來矣。

三拳一圓

形意拳為直進守中，手旋轉打立圓；八卦拳為橫開守中，步旋轉繞平圓；太極拳為原地守中，腰旋轉畫混圓。

形意拳的整體運動形式多為直進直退，直進以縱方向奪他人之正面重心；八卦掌的運動形式多為旁開側進，側進以橫方向取他人之橫向重心；太極拳的運動形式多為半弓半馬步，以自身勁力之方向變化改變敵之勁力方向，使敵失重。故三家拳理之精華分別為：形意，腳踏中門搶他位；八卦，旋轉變化進彼身；太極，引進落空合即出。

形意拳看似直進直退，實則直中寓圓，體現在手之鑽翻，直進時皆內裏外翻，處處有螺旋之意、轉動之形，鑽翻螺旋皆在身前立圓各點之上，由此而演為五行拳。

身前立圓，由內向前向下為劈，由內向前向上為鑽，由內向外向前為崩，由內向外向上為炮，而於立圓中任意一點加以鑽翻為橫，處處不離鑽翻，故說四拳皆由橫拳生。

立圓之上各點內旋外轉，使彼之來力偏於己之中線，此形意立圓之妙。

八卦拳以步繞圈，以彼為圓心，腳走切線，順彼方向，以步法切開彼之來力，切開彼之正中，而守吾之正中，以吾之正中打彼之橫中，步動而手不動，步切八方，手居中宮，步切八方以避彼之中，手居中宮以守己之中，此八卦平圓之妙。

太極拳以腰為圓心，腰與手之距離為半徑，以周身為一立體之圓，彼之來力不論落於圓上哪一點，即以腰為圓心，手為接觸點，圓心轉動而帶動接觸點之轉動，使彼之來力受

離心向心之力而偏離，彼即失重。順彼之來力稍加作用，彼
必敗矣，此太極混圓之妙。

三拳於一圓上各有妙用，一圓化三拳，三拳合一圓。

履中蹈和

無論何種拳術，皆是以中正和順的姿勢，納散亂之神氣
於丹田，達於百骸，寓攻防技擊之理法於身體進退伸縮之
中。拳術中以形式為最要者，形式正則勁路暢達，形到則氣
到、力到。初學時，務需求形式之正確。

形式之要無外「中和」二字，《中庸》云：「致中和，
天地位焉，萬物育焉。」若言道用，喜怒哀樂之未發謂之
中。若言術法，中有三層意思。

一、身體中正不偏

譜云：「立如秤準，活似車輪。」立軸中正，平軸方能
圓轉，可思磨盤之軸與盤之性狀。無論手足進退伸縮，皆要
中正無偏，形不破體，力不出尖，前不過足尖，後不過足
跟，左不過左膝胯之中心，右不逾右膝胯之中心。

如運動換步時，重心在左腿，上身中正，將左足當兩足
想，將上身之力完全落於左胯、左膝、左足垂直的一條線
上。而常人於此處多不注意，每將重心落於左胯之外，左之
又左即雙重，雖能立住，而於步法進退縱橫多變時，則轉換
不靈，形式偏而氣勁亦不得歸中，步法之靈活與否，全在此
處，尤需注意。

二、守中線，用中線

　　形意步法多為直進，譜云：「腳踏中門搶他位，就是神仙也難防。」中門非單指彼兩腿正中，而是指彼重心之所在。後足蹬，前足踩，奪彼之重心，彼必失重而倒，以彼中為吾中而奪之，此為形意進步之要也。

　　形意拳有「硬打硬進無遮攔」之說，而前提必須是兩手出入於中線，兩手虎口與嘴合為一線，所謂「三口並一口，打人如同走」「出洞入洞緊隨身」。「洞」亦是指中線，手由中線出入，加之內裏外翻，彼之拳打來，自能顧打兼備，彼之力一觸即偏。沿中線直進，進時須邊進邊旋，似直而實曲，務要使三尖相照，並設法使彼之手足偏於中線，自能勝彼。所謂你打你的，我打我的，不招不架，只是一下，而守中用中是其保障。

　　今之習練八卦掌者，手在圓心而眼不視於虎口，致胸前折成死角，此皆不懂八卦之守中也。八卦出掌與彼接觸，手不動而步轉，步轉之時，目視虎口，鼻尖、指尖相對，步法隨彼之變化而變，而手始終不離己之中線，自能身形滿而勁不虧。守己之中線，避其正中，致彼斜後方，打其橫中。八卦之八方變化固然重要，而中宮之不變為重中之重。

　　太極以腰為中，主宰一身之變化。行拳走架時，以尾閭為中軸，帶動周身畫圓走弧，將腰間正中作為一點，與指尖、鼻尖相連而成線，化、拿、發、打皆以此三點為一線，守己之中線，而引彼偏於中線，彼既失中，則必手足散亂，形散氣浮而敗也。

　　太極拳兩手各主一邊，有手不過中之謂，左手為主，目

視左手，鼻對左手，腰自然左轉，自不失於中，右手為主時
亦然。若左手已過中線，則以右手與左手相交，以兩手相交
之點為中而找回中線，自能不敗，此即太極拳中十字手得中
之妙用。

三、大道必順乎自然

拳術欲得其自然，必要使勁力無過而不及，取其適中，
必要調和剛柔、上下、內外、虛實，不偏於此，不失於彼，
相生而為一體，皆以中庸之理一以貫之。乃至於練與養、動
與靜之關係，中不偏，庸不易，守中道，勿偏執。習拳如
此，萬事之理亦復如是。

和亦有兩層意思，一為順遂，二為統一。無論何拳式，
皆以順遂為要，力貴順遂而不貴大。而力之順遂與否，取決
於形式是否順遂。形欲得順遂，必要統一為整體。欲得統
一，須立身中正，頭頂、項豎、肩沉，含胸拔背，肘墜腰
塌，胯鬆膝屈，並使鼻、手、足三尖相照，外三合合住，肩
胯、肘膝、手足之方向皆為一點，使周身之力聚於一點。

至於內三合者，只需形式合住，筋骨撐而肌肉鬆，自然
不運氣而氣自充，不用力而力自雄，意之所至，氣力即隨手
足動作而至。

然亦須知內三合與外三合之關係，外在形式能合住，心
意、力氣方有作用之處，心靜而意敏，手足動作方能聽得使
喚，擺放規矩，並能靈活變化，故知內與外須同時著意，不
可分而習之。

心愈靜而意愈靈，意愈靈則手、足、胯、膝等皆能符三
合之規矩而靈活變化。身手愈規矩，則式愈順遂；式愈順，

則氣之流行愈速，力之所至愈沉實。形式氣力愈合，則心愈靜，意愈靈，此身心互為作用，內外一體之理也。

套路演習

新中國成立後，武術進入了一個新的發展階段，在「高、新、難、美」等要求下，武術套路變得徒有其表演之形，而無技擊之實，加之影視作品的誇大，以致世人對武術套路存在兩種極端的成見：一是難度過高，深妙難測，脫離真實；二是動作花哨，無實戰作用，武術等同於舞術。

近年來，亦常聞武術界之人言：傳統武術不用練套路，套路是給人看的，毫無實戰意義。

以上種種說法皆有失偏頗。首先，套路是前賢將實用的散招用合理的路線式法串聯而成，只練散招，則勁力無以聯貫暢通，實戰時勁力難以變化；

其次，每個拳式在過渡之時的高低縱橫、騰挪閃展，以及身法、步法、眼法、手法之吞吐收放開合束展，必須在套路的習練中得到充分鍛鍊。

武術中演法、練法、用法三者是互為作用之整體。練法強調規矩，在練習中必循規蹈矩，式式皆要中正齊整。演法則要誇張，要在練法之基礎上充分表現手眼身法步之縱橫騰挪剛柔動靜，演者有情，觀者有景。至於用法，則強調變化活潑，運用之時發於自然，心至手追，活潑潑的，全憑平日之功，然又不可拘泥於平日之功夫。

若無平日演練，便無身法之閃展騰挪，勁力之剛柔變化；若拘於平日之動作，則手足僵直，式死氣浮，意渙神

散，不堪一擊。此辯證之理，不可不知，故練、演、用，三者缺一不可，各有其用而又不可混淆。

練時只專注於手足身眼、規矩法度，演時將練法誇張，表現吞吐開合之形、聯貫一氣之勢、無人似有人之意，用時要用搏人之意識、勇猛平和之氣勢、審時度勢之心思，則自能將平日演練之功夫自然活潑地運用出來。

因此，套路是由練法到打法的必由之路，是武術中練習乃至傳承的重要載體，貴在練習者如何認識它、習練它、運用它。

形意、八卦進階之法及打法要略

一、形意、八卦進階之法

學藝者皆應循序以漸進，且應具正法眼，擇其最善者以習之，不致勞形費力，辜負光陰。初習內家拳者，應先求開展，擇彈腿、長拳等習之以活腰腿，且能熟習弓馬撲歇虛等步型，進退騰躍等步法，拳、掌、鉤等手型以及踢、蹬、踩、踹等腿法。

今之習內家拳者，多不重視腰腿拳腳的基礎，以致於步法、手法含糊不清，踢腿彎曲，力不順暢甚至彎腰駝背，還美其名曰「此種身法適於實戰」，真是可笑可嘆。殊不知舊時形意、太極、八卦等門的名手，習內家拳以前皆有其他拳術基礎，故後習內家拳方能得心應手。

有了一定的長拳基礎後，可正式習內家拳。習拳首重站樁，然樁亦不可死站，須與基本拳式如劈拳、轉掌、懶紮衣

掺練，不致枯燥，且互相較正，得勁長功更快。

　　站樁是每日必行之事，貫穿於習武者的一生，既是基礎，又是提高。樁功穩固後，可習基礎拳式，形意精華全在五行拳；八卦之要盡在轉掌，由規矩到自然，由整肅到活潑，待基礎拳式上下內外皆合規矩後，再習套路以活身法，加強手眼身步的協調性，透過基礎拳式與套路的習練，漸達內外三合的標準。

　　由練法到打法過渡，必須強化步法的訓練，一身之法全由步法主宰，能打人否亦全仗步法。內家拳步法最重要者，有直進步、直退步、三角步、雞步、擺扣步、迂迴步、九宮步，形意之盤根中有八卦，八卦的直蹚中有形意，可見形意與八卦互為補益。

　　訓練步法的同時可配以極簡單且最實用的手法，直進步可練劈拳、崩拳、穿掌、塌掌，直退步可練捋手、砸拳，三角步可練虎形、撞掌、托掌、陰陽把、鐵門栓、獅吞手、天地手等，雞步可練塌掌、鼉形、獅子滾球，擺扣步配以單雙換掌，迂迴步可將所有手法穿插其中，三步一手、五步一手、七步一手，步快而手慢，尤須身手步極其協調，上下相隨，內外相合。

　　最後習九宮步，於九宮之中任意穿梭往來，身隨步轉，手隨步換，八掌、五行、十二形於步法轉換進退曲直之間自然生成，不意而發。

　　又需將手法化開，以斬、截、裹、胯、挑、頂、雲、領及推、托、帶、領、搬、攔、截、扣為指導，由大動至小動，從大圈變小圈，先有形後無形，由重形輕意，形意並重，重意輕形，而達無形無意之境。平素再加以抖大桿、打

沙袋等輔助功法，以長發力之功。找一對手對練，先將式法拆開，互相餵手，漸漸拉開距離，真打實操，其要在於審彼未發之機，見手之機，變勢之機。

若學者能按上述方法循序漸進，善思篤行，自能將吾國武術發揚光大，在當今世界武林中立於不敗之地。

二、打法要略

1. 打法總則

眼毒而銳，身穩而活，手快而準，步沉而靈。

（1）守中用中不離中，手出入於中線；在步則以我中宮奪彼中門（形意），或避彼中門守我中宮（八卦）。

（2）取根而忘梢，勿理會梢節，直取肩肘身。

（3）打人如親嘴，捨己身入彼身。

（4）交手占磨心，以己為磨心，彼為磨道。

（5）不怕前手，專防後手。

（6）顧打皆須螺旋滾動，顧即是打，打即是顧，不招不架。

（7）以近迫快，著肉分槍。

（8）變化時單重，踩雞步；作用時，實腿蹬，虛腿踩，落為虎步。

（9）進步先進前步，退步先退後步。

（10）進步低，退步高。

（11）形不破體，力不出尖。

（12）變化時縮小綿軟巧，作用時冷彈脆快硬。

2. 八不打

一不打泰山壓頂，二不打兩耳封門，

三不打咽喉氣管，四不打胸口穿心，

五不打乳下雙肋，六不打海底撈陰，

七不打腰間兩腎，八不打尾閭中區。

3. 八打

一打眉頭雙睛，二打口上人中，

三打耳下穿腮，四打背後脊縫，

五打兩肘骨節，六打鶴膝虎脛，

七打腿下踝骨，八打腳背趾脛。

習拳經驗

（1）天地間萬物皆有感必應，內有感外有應，天與人
小感小應，大感大應，拳術亦是感應。書法、繪
畫皆是心內對外界自然有感而應之於紙筆，拳術
感於天地宇宙三才、四象、五行、八卦之性，乃
至龍、虎、猴、鶴之形而應之於身手內外。

（2）習武須心誠，心誠則靈，心誠方能意靜，意靜方
能使形式得於中正和順。

（3）養生之道，只一「靜」字而已，加之飲食有節，
起居有常，保精、養氣、守神，自能長生久視。

（4）無論何種拳術，目的皆是為打通內氣，使周身一
家。

（5）一身之法以頭、肩、胯為最要。

（6）形意拳五行練勁力，十二形練身法。

（7）三拳打法要義：太極，引進落空合即出；形意，腳踏中門搶他位；八卦，旋轉變化進彼身。

（8）「鬆」與「靜」二字最難，拳之高明與否以鬆靜之程度為判。

（9）練拳即是練己一身之陰陽，習技之過程即是不斷平衡陰陽而使之統一的過程。

（10）太極拳要以王宗岳《太極拳論》為宗，形意拳要以岳飛《九要論》為宗，八卦拳要以《八卦總歌》為宗。

（11）意到、氣到、力到是理，用意不用力是法。行拳用意不用力是過程，意到、氣到、力到是結果。用意不用力而氣自到，氣到而力自至。

（12）象形還須取意，任何藝術不離取意。書法之筆法類拳術之勁法，結構類拳術之形式，結構影響筆法，筆法影響結構，互為作用，拳術中勁力與形式亦是互為作用，相互影響。

（13）大書法家顏真卿論筆法有「屋漏痕」之喻，恰合拳術內勁「滲之遙遙」之意。

（14）身法與勁法是習拳之關鍵。

（15）練武之過程：從無到有再至無，積柔成剛再化柔。

（16）五行拳融身外自然界之性質，合己身內之臟腑，天人相合，以復人之良知。十二形拳為五行之變化，由性而化命，取動物之特性顯己之良能。形意拳立意可謂高矣。

（17）鬆可至命功之至，靜可達性功之極，二者互為補

益，鬆以入靜，靜以放鬆。

（18）用腰之法，在於用腰椎之一點，即命門處，習武者不得放鬆，多是用腰肌為主宰，而不知真正主宰處之故也。

（19）發力透否，腳之踩勁為關鍵。

（20）身軀務要中正，以胸前佩掛墜為喻，掛墜比之為氣，前俯落於胸前而不能下垂，後仰落於胸之上，亦不能下垂，身中正，則掛墜垂於下，此正身以下氣之理。

（21）河北形意重心在後用雞步，山西形意多重心偏前用虎步。雞步跟步大而定步時小，虎步動步跟步小而定步時大。變化多雞步，打時多虎步，各有其妙，不必厚此薄彼。

（22）八卦掌手撐勾股三角，步走弧切八線，處處合於數理。然數理放之於各種藝術形式乃至於天地之間萬事萬物皆準，不獨存乎於拳術，平數只是未能自覺使術合之於理，而理自在其中。習藝即是以術顯理，以理導術，將不覺變為自覺，主動合乎於理。

（23）練時須舒展，用時要緊湊。形意三體式、八卦老僧托缽、太極手揮琵琶皆是技擊之門戶，全世界格鬥方法的預備姿勢皆大同而小異，都以三尖相照為要。

（24）內勁如水銀，古譜有鉛汞之喻。形式正，肢體鬆，意之所到，形之所至，勁自達也。拳腳自然按規矩伸出即可，愈用力愈無力，可想像甩體溫

計時其中水銀之狀。

（25）手、眼、身法、步是一個整體，初練時各個擊破，分而習之，練久則合而為一，互為作用，眼帶身手，手隨步變，步隨身換。

（26）進階規律：重形輕意，形意並重；重意輕形，無形無意。

（27）丹田有三：上丹田，頭頂百會（神）；中丹田，臍內中脘（氣）；下丹田，臍下藏精（兩睪丸間）。

（28）力不打勁，勁不打法，法不打化。

（29）遠搭手，近靠肘，不遠不近肩一抖。

安慰先生（左）指導推手

（30）太極拳，輕——力量，慢——速度，圓——路線，勻——結構。

（31）順人能得勢，借力不須拿。

（32）輕則靈，靈則動，動則變，變則化，上下九節勁，節節腰中發。

（33）八快歌：行如風，站如釘，升如猿，降如鷹，錘賽流星，眼如電，腰如蛇行腳似鑽。

（34）太極不外五圓：平面、直立、斜行、前後、自轉。初時大而拙，繼而小且活，終至圓不在外而在內，有圓意，無圓形。

（35）推手不可有三心：勝負心、較力心、捉弄心。

拳意鉤玄歌

技進乎道一脈傳，明道修身非等閒。
遠取外物近取身，納卦合象演成拳。
上虛下實坎離交，內外陰陽顛倒顛。
寂然不動生妙體，感而遂通用無邊。
意在形先為技藝，無形無意見真源。
身內有象皆是假，勿執此身乃成丹。
拳道妙理需明辨，不用純功亦枉然。

百會虛懸項後靠，收頷喉頭永不拋。
肩沉肘墜腕鬆活，空胸緊背下塌腰。
扣趾合膝襠撐圓，溜臀裹胯丹田抱。
三節催起四梢驚，五行六合併九要。

形正體鬆氣機順，中和二字為奧竅。
立如秤準平似輪，上下一貫三尖照。
足下生根基牢固，雙臂迎風似柳條。
順逆互生形無偏，剛柔並濟拳稱妙。
剛中生柔能禦敵，柔中生剛術法高。
剛柔一體無二致，丟頂黏斷隨機到。

心為元帥發號令，眼做先鋒查敵情。
立身中正撐八面，骨升肉降心意靈。
如火燒身汗毛參，閃戰騰挪四梢驚。
彼為磨道圈外轉，吾則巍然守磨心。
變式單重踩雞步，進步沉身莫容情。
進時多是前足進，先退後步不破形。
守中奪中不離中，三尖一線三口並。
手法雖有萬千變，不離內外裹翻勁。
不招不架擊虛處，實處抖絕把敵驚。
身不妄動誘敵進，見槍著肉自分明。
棄梢取根真精妙，內圈外門任意行。
上下相隨隨機變，沾身連攻不稍停。

築基功夫

腿法

　　腿法是武術中最為實用的技法之一。踢腿時高不過腰，以穩固重心，立身中正，不能因起腿而牽動重心。在下肢動作之時，身體不能露形，以達明拳暗腿、擊人無形之效。腿法要在身法、步法運動當中自然使用，切不可為用腿而用腿。

　　要領為「直、起、風、波」四字，踢蹬宜直，起者高意，練時踢不過腰，用時可隨意。風，快也，勁也，踢足如波浪起伏，由腰、膝而貫足尖。手如兩扇門，全靠腿打人，八式無真假，指上便打下。

歌訣

> 鈎腿，足尖內扣擦地起；
>
> 掛腿，足跟向後重心低；
>
> 提腿，提膝避開低鞭腿；
>
> 點腿，點腿似箭要彈踢；
>
> 蹬腿，蹬在中線勿偏移；
>
> 踹腿，斜身側胯正中奇；
>
> 踩腿，高不過膝腳橫斜；

戳腿，足跟搓起點七星。

椿功

武術，簡單地說，就是由身體軀幹和四肢的協調運動而達健身技擊之目的。身法要求雖多，可用「六合」概括，合則陰陽生焉，萬法育焉。若言外三合，即肩與胯合，肘與膝合，手與足合，外形合住，身形結構準確，力點才能在一處。椿功可以強化外三合之功，以達不運氣而氣自充，不用力而有力之效。有合理的姿勢，才能有順達的勁力，任何武術不出其外。

高級的武術不靠招法打人而靠身法贏人，招法是死的，而只要身法合乎規矩，則進可擊敵，退可保身。如肩肘不鬆沉，力則捆在肩肘，腰胯不塌住，下肢不能穩固，胯不鬆則下肢力量不能貫穿於上肢。若進退顧盼上下相隨，周身一家，自能立於不敗之地。

訓練外三合最有效的方法即是站椿。如何方能合住？須做到頭虛領、項後挺、下頷收、肩沉肘墜、腋下虛、腰塌、胯鬆、膝微屈等要求，尤要立身中正安舒。

透過以上的動作要求而使上下一體，周身貫穿，結構準確，自然能做到外三合。外三合與內三合的關係其實就是形與意的關係，形與意在拳術中是一個整體，不可分開。形正則意靜，意靈則形活，外三合與內三合是同時要求的，不是分次第的，兩者同時進步，同時發展，意念靜則形更能鬆，形能鬆意愈能靜。總之，內外三合以要言蔽之，即形正、體鬆、意靜。

　　此樁功適用於任何拳術，皆可作為基本功法習練，既可單練，又能按次序聯貫練習；既是動功，又是靜功，每式按氣路規律編排，練功時可免枯燥之弊，外形簡潔樸實，內裡精微奧妙，習之既久，自可體會。

歌訣

　　　　雙掌左右分兩儀，扣在腹前指對臍。

　　　　推山入海隨勢去，架海津樑見端的。

　　　　忽而青龍升天去，懷中攬月現神奇。

　　　　黑熊反背雙撐掌，白猿獻果問玄機。

撐筋拔骨

　　古之技擊家有云：筋長力大，肉厚身沉。若言修養身心，則靜坐站樁足矣；若言技擊禦敵，則必要使氣機充於內而發於外，盎然於項背四肢，非撐筋拔骨無以致用。氣行於腠理，則可骨肉分離，骨節拔長，響骨齊鳴，能發驚乍之力。每見今之習內家拳技者，只追求一味之鬆，只擅發人，而擊打力量則不足以傷人，何也？皆因筋骨未能撐拔，外者肌肉、內者氣機皆不能於驟然間變化鬆緊，只有推擲之長勁而無擊打之冷勁，若於真正生死搏鬥中，恐保身亦難，更不必說勝人。

　　故而拳術中骨節開張、筋骨撐拔歷來為訓練之重點。在行功時須由鬆入緊，由緊變鬆，鬆到底，緊到頭。尤須注意兩點：一是形式中正，形不正則筋斜骨歪，加以撐拔有害無益；二是速度宜勻，速不勻則勁力氣機不能流暢圓滿，容易丟勁、斷勁。

鬆而緊，緊而鬆，速持勻，形守中，筋如弦，骨似弓，撐拔之意備矣。

歌訣

> 雙手開天地，猛虎硬推山。
>
> 開弓不射箭，日月一肩擔。
>
> 青龍探明月，回首望沙灘。
>
> 海底尋珠去，升天入雲端。

發　力

樁功既固，筋骨既撐，氣力既充，當於站樁行功之基礎上將力發之於外，方可為套路拳架及實戰技擊打下基礎。嘗聞人言：「勁力蓄而不發可，養住氣血，發力過多，則氣血虧虛。」此正是不明技擊與養生之理也。

若言養生，貴在心靜、氣平，發力放勁只需動作合乎規矩，順乎自然之力，則絕無害矣。

發力不等同於拙力，力貴順而不貴大。力即質量乘以加速度，將自身質量配以合理順遂之身法，使關節肌肉鬆開，筋絡骨骼撐拔，再加以速度，便是發力。

拳譜云：「意到、氣到、力到。」氣且不言，意緊而敏，形正而鬆，勢順而圓，則不用力而力自充矣。若如此發力，於身體有何害焉？何況人身氣血筋骨只收不放，只蓄不發，亦不符養身、攝生陰陽之理。

每見有習內家拳者大腹便便，動手之時只有推擲之功，而無爆發之能，若真正格鬥，此難以勝人。

技擊之時，勁力有明有暗，能長能短，若是較技則長勁

有餘，若言搏殺則非短脆冷彈之力不能。是故力應順乎技擊養生之道，不可不發，而又應順乎剛柔並濟之理，發而不發。

發力時或拳或掌，務要身正、步穩，拳拳必由中線滾入滾出，肩鬆肘順，又須自根節而梢節，鬆開胯骨以腰帶動，上催肩肘，下催膝足，節節貫串，力達拳尖，此發力之要義。

歌訣

> 不丁不八當陽站，力在方圓不出尖。
>
> 鬆開肩胯腰為軸，兩拳相爭要螺旋。
>
> 高低縱橫三節齊，拳拳正對鼻準間。
>
> 立如秤準活似輪，力貴順遂法自然。

練步

步主一身之進退顧盼，載身法、活勢法、生手法，習武技擊、勝場贏人莫非步也。每見習武數年而交手變化不靈者，皆是失之於步也。《九要論》云：「有定位者，步也；無定位者，亦步也。」故步既宜沉穩，又宜靈活。

實戰之時，變勢避敵為單腿重心之雞步，落勢擊敵為雙重之虎步。單重靈活，雙重沉穩，各有其能，不可偏執於單重雙重。在前在後，當進則進，進宜低；當退則退，退宜高。總之，高低進退、挪轉顧盼，順自然之勢，用合理之步，總要一氣貫穿，身心協調，上下相隨，內外相合。

步既是身法、手法的樞紐，又是身法、步法之延伸，周身本是一家，不可分而視之。

靜態為步型，動態為步法；步型以工整為要，步法以靈活為能。步型分為八步：虛、歇、馬、撲、弓、獨立、繃、中。步法有寸、墊、過、快、踐、進、退、轉、側等。現將八步合為拳套，以便初學者習練。

歌訣

> 白鶴展翅待凌空，犀牛望月廣寒宮。
> 二郎擔山騎白馬，霸王舉鼎氣力雄。
> 黑虎擅使掏心式，哪吒鬧海波浪洶。
> 大步流星向前趕，瀉下一捶肚當中。

輔助功法

拳術功法分內外，內練氣血，外練筋骨。雖側重不同，然內亦練筋骨，外亦練氣血，互為表裡，不可偏廢。內家拳術善於內養，外家拳術長於橫練。若言養生，內養足矣；若言運用，無橫練不能。如出拳雖有力且順遂，然若腕力不足，擊於彼而傷在己；若指力不足，擒拿雖巧，亦不足穩操勝券。須知負重、擊物之功目的是在緊張、沉重、力有阻礙之時仍能將勁力自如運用發放，絕不是為用力而用力，為負重而負重。

舊時拳術家皆有其獨門鍛鍊方法，如太極拳家葛書元先生練拳時雙臂掛三十斤石鎖；何月波先生走圈時腕上掛大銅壺，身穿鐵馬甲，手抓泥饅頭；劉殿琛先生以單掌塌擊榆木板以增掌力。由此可見，外功亦為內家拳不可少之功也。

古之功法雖多，然於技擊一道效果最顯著者不外加本力、助爆發力、增擊打力、強抗擊力。現將收效快而顯著者

列舉八種，供參考練習。

（1）臥虎功以長指腕之力。

（2）抖桿功以長爆發之力。

（3）塌板功以長沾身寸力。

（4）擰棒功以長擰裹之力。

（5）舉啞鈴以長托舉之力。

（6）拉硬弓以長開合之力。

（7）摔沙袋以長沉實之力。

（8）打沙袋以長擊打之力。

歌訣

> 臥虎指爪入地深，桿頭抖顫勁為真。
>
> 木板塌時力宜滲，兩臂擰棒似擰繩。
>
> 鐵鈴雖啞莫輕視，霸王開弓左右分。
>
> 小小鐵球輕抓起，鐵掌一擊起沙塵。

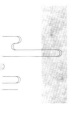

入門套路

七星通背拳

此拳為辛元先生從代縣拳師楊二疙瘩處學得，原拳有十路，以七星為名，重周身各處打法，今傳只有兩路。「一字翻，天地手」是其獨特之處，亦是動手絕技。

歌訣

> 快似瘋魔打飛仙，穩若金剛立殿前。
> 柔如猿猴舒長臂，猛賽虎豹下平川。

通背者，靈通於背也。貫通腰背與兩臂，如常山之蛇，首尾相應，勁力圓順通達，大開大合，擊一點，打一片，身靈步活。穩若金剛，快似瘋魔，柔如猿猴，猛賽虎豹。

四要：搬，攩，扶，捯。

手法：上挑，下壓，裡鉤，外裹。

足法：踩，踹，跺，掛。

拿法（分筋錯骨）：裡撇，外撇，中間一切，小金絲纏手，大拿李玉抱花馬，穿手，千斤墜，貼胸挎帶，捯手。

招法

> 一字翻，天地手，撥浪鼓兒撲地走。

> 金鉸剪兔兒登雲，朝天鐙奎星貫斗。
> 迎面腿正截反端，三合腿外掛裡鉤。
> 窩裡炮，穿心肘，風中夾雪不見手。
> 五花炮，一字腿，拿中帶踢打來蹤。
> 上搬手，下扶肘，趕月追風不放鬆。

　　天地手，是說兩手上下翻飛，指上打下，聲東擊西，虛實相間，以兩手作一手想，手不單出，一出必有一應。兩手於身前擺一圓圈，彼之手足只要一進此圈，便如跌入無底深淵，招不能發，身不能自如，足下不能穩固。

　　蓋因吾兩手成圈，無論彼落於圈中哪一點，吾圈便滾動變化。彼之力虛處，吾之力正是實處；彼之力實處，正是吾虛處，虛實相生相剋。周身皆翻板，無處不螺旋。兩手連為一氣，開而有合，合中有開，丟而不丟，頂而不頂，一觸即發，故能擊彼於電光石火之刻，勝人於滾轉伸縮之間。

　　形意拳中獅吞手，炮捶中三拱手，八卦之青龍探爪，皆類於此，實皆岳武穆雙推手之變化。天地手實非招法，而是技擊理念，以天地道其體之廣大，以手盡其用之精微，學者宜深究此理，不可拘泥於招法。

　　昔日辛元先生與人動手較技，只一照面彼即跌出，若問其所以，先生答曰：吾手似天地，彼孰能勝之？

總訣

> 輕靈柔順，沉穩剛健。
> 步走奇門，手運太極。
> 圓中求變，兩手合一。

動作名稱：

（1）起勢

（2）夫子拱手

（3）獅子探爪

（4）猴王坐殿

（5）獅子運球

（6）金龍合口

（7）雲摩探馬

（8）孤雁出群

（9）夜叉尋海

（10）怪蟒翻身

（11）進退連環

（12）老君推爐

（13）三盤落地

（14）三拳一腿

（15）金魚擺鰭

（16）一式四象

（17）夫子拱手

（18）三環連珠

（19）金雞報曉

（20）仙人推磨

（21）老虎撲羊

（22）鐵門閉鎖

（23）獅子揉球

（24）蛟龍翻江

（25）指天打地

（26）蛟龍潛海

（27）步走奇門

（28）獅子滾球

（29）獅子抖毛

歌訣

也大奇哉也大奇，兩手做得天和地。

翻手為雲覆手雨，只在一念真消息。

左右開合生陰陽，上下升降交坎離。

圈中生圈隨處變，兩手合一見端的。

大而無外彌六合，小則無內藏於密。

將敵能變不思議，攝生可奪造化機。

母子捶

此拳傳自辛元，辛先生青年時從代縣楊二疙瘩處學得，平生最擅此拳。先生演練時身法起伏升騰，如猿似豹，腿法利落，手法飄灑，輕靈活潑。

歌訣

母生子分兩相親，母子相連在一心。

天翻雲雨地掀塵，拳打陽關腳撩陰。

脆快一掛連響炮，纏綿六合併七星。

輕似猿猴捷似豹，神行一片縱山靈。

十二路探腿

此腿法清代從滄州傳至山西，將身法、步法、手法、腿

法融為一體，作為內家拳築基之法，甚妙也。套路中以探腿為主，力順督脈向前下探出，腰腿合一，足尖翹起，足跟發力，高與膝平。力點在足跟而落點在腳尖，以足尖掀彼之膝蓋，與世傳之彈腿迥然不同。

每路拳以探腿為宗，復穿插彈、蹬、踩、踹等腿法，進退、反側、插、套、管、封等步法以及推、拓、穿、打、搬、攔、捋、砸、架等手法。以二路、八路為最重要者。

歌訣

>腿法稱探不一般，直奔中門把膝掀。

>腿不高起方稱妙，明拳暗腿各七三。

名稱：

一路：陸地行舟順風帆

二路：小鬼扯鑽勢最全

三路：老君推爐生火焰

四路：海底尋針起波瀾

五路：雙風貫耳纏磨腿

六路：推窗望月掛天邊

七路：燕子抄水七星點

八路：進退無端走連環

九路：仙人揉捶隨機變

十路、十一路、十二路：先天逆進見真源

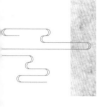

形意拳講義

源流

　　本門形意拳傳自宗師劉奇蘭，劉奇蘭先生在李洛能祖師的河北諸弟子中年紀最長，人稱「大先生」。劉奇蘭曾為清末舉人，授拳時能將形意拳理論闡幽發微，行知雙絕，故傳人眾多，名手輩出，如李存義、張占魁等。形意拳能聞名於大江南北，劉公奇蘭之功甚偉也。

　　其子劉殿琛，幼承家學，功深技精，曾受聘於清華大學，任武術教師，並出版《形意拳抉微》一書，人稱「劉二先生」。劉二先生於 20 世紀 20 年代受聘至太原，擔任國民師範武術教師，在太原期間將形意拳傳授給辛元、董俊等人。

　　辛元，字少軒，太原精營街人，綽號「金翅鷂子」「長拳一隻虎」。幼年隨某戲班武生習武，青年時期從師於代縣拳師楊二疙瘩，習得十路七星通背、五虎斷門刀、大槍等技藝，且精於馬術，在口外保鏢，常以絕技「天地手」「一字翻」勝人，威名享譽口外。後回太原設場教拳，並受聘於閻錫山技術中隊，任武術教官，與李德懋、于鑑等人共同完善了八法拳、八法槍，並以通背武藝與于鑑換得三皇炮捶。因

聞劉二先生任教於國民師範傳授形意拳，頗為不屑，某日帶
數名弟子尋至國民師範，執意要與劉二先生較技，劉二先生
推託不過，只得應允。

辛元上前便用通背招法快取猛攻，被劉二先生單掌三次
騰空發出，臉色慘白，當即叩頭拜師。後又將大半房產賣
出，將所得錢財供養劉二先生，並將先生請至家中傳拳，數
年盡得劉家形意之真傳。其劈拳可任意將人放高、放遠、擊
倒，龍形一躍可上方桌，燕形一穿可過板凳。因其長拳功夫
已很深厚，故形意拳勁力別具一格，出拳勁力驚人，身法極
盡閃展騰挪之妙，腰腿功夫出眾，及至老年仍能將腳扳至右
腮枕足而臥。

辛先生習藝五十餘年，擅長通背、母子捶、三皇炮捶，
晚年尤精形意拳，擅使大槍、單刀、胡萍拐。先生傳藝要求
嚴格，且性情暴烈剛直，故傳人不多，在太原主要有張洪
亮、安慰等。

拳理

1. 三節

在拳中，頭、手、足為三節，內外相合。

頭為根節，內應百會；脊為中節，內應心；腰為梢節，
內應丹田。肩為根節，肘為中節，手為梢節。胯為根節，膝
為中節，足為梢節。

三節不獨指一處，整體有三節，局部亦有三節，所謂三
節不明，周身皆空。根節催梢節，梢節帶根節，不分先後，
周身齊動。

2. 四法

身法、手法、足法、步法。

身法直進直退；手法勁在腕，力在指；足法起而鑽，落而翻，不鑽不翻寸為先；步法有寸步、疾步、躦步。

3. 五綱

五綱即五行，五行相生相剋，取變化之意，不可死執生剋之理。天地萬物不離五行之性，萬千拳法不離五拳之綱。

4. 六合

六合，要點在一「合」字。

兩手扣勁，兩足後跟向外扭勁，是手與足合；兩肘往下垂勁，兩膝往裡擬勁，是肘與膝合；兩肩鬆開抽勁，兩胯內側根部抽勁，是肩與胯合，此外三合。

心與意合，意與氣合，氣與力合，此內三合。此處尤須知，心與意如水與波，同而不同；心為體，寂然不動；意為用，感而遂通。全波即水，全水即波。喜怒哀樂之未發謂之中，亦即心之體，發而皆中節謂之和，亦即意之用。或曰混沌未分、陰陽未判之時為心，心機發動而陰陽變化有度為意。心與意合，其義深矣。王陽明先生之「知行合一」，或為最善之詮釋。學者若能明察內三合之理，則可與聖賢把臂，信以拳悟道，言不虛矣。

5. 七疾

眼要疾，手要疾，腳要疾，意要疾，出勢要疾，進退要疾，身法要疾。

6. 七順

心要催意，肩要催肘，肘要催手，手要催指，腰要催胯，胯要催膝，膝要催足，上下相連，內外如一。

7. 八勢

頂：頭頂，舌頂，指頂。

提：提肛，夾臀。

扣：指扣，肩扣，膝扣。

圓：胸圓，背圓，襠圓，兩臂圓，虎口圓。

抱：丹田抱。

垂：肩垂，肘垂，氣機垂。

橫順知清：身、手、步一順全順，一橫俱橫。

起鑽落翻分明：不離橫順顧打。

8. 八功

斬：即劈拳，自上而下為斬。

截：即鑽拳，由外而內為截。

裹：即橫拳，由內而外為裹。

挎：即崩拳，由後向前為挎。

挑：即蛇形，自下而上為挑。

頂：即炮拳，由內向前上方為頂。

雲：即鼉形，由中心向左右為雲。

領：即燕形，由前向後為領。

八功皆要與螺旋內外鑽翻相配合，千變萬化不離此八字，身法、勁法皆在其中。

9. 八要

內要提，三心要並，三意要連，五行要順，四梢要齊，心要暇，三尖要對，眼要毒。

10. 五字訣

三節明後，五勁相佐，踩撲裹束，唯決勿錯（腳踩，手撲，臂裹，身束，決如斷弓繃簧之意）。

11. 七拳歌

用必七體，頭肩肘手，

胯膝合腳，相助為友。

12. 十六處練法

一寸，二踐，三躦，四就，五夾，六合，七齊，八正，九脛，十擎，十一起落，十二進退，十三陰陽，十四五行，十五動靜，十六虛實。

13. 打手歌

打法定要先上身，手足齊到方為真。

拳如炮形龍折身，遇敵好似火燒身。

頭打起意占中央，渾身齊到人難擋。

足踩中門奪他位，就是神仙亦難防。

肩打一陰返一陽，兩手只在洞中藏。

左右全憑蓋勢取，束展二字一命亡。

手打起意在胸膛，起手好似虎撲羊。

沾實用力須展放，兩肘只在肋下藏。

胯打陰陽左右變，兩足交換須自然。

左右進退宜斂勁，得心應手敵自翻。

膝打要害能致命，兩手空晃繞上中。

好訣勸君勤練習，強身勝敵樂無窮。

腳打踩意勿落空，消息全在後腳蹬。

蓄意須防敵察覺，起勢好似捲地風。

拳打三節不見形，若見形意不為能。

能在一思進，莫在一時存。

能在一氣先，莫在一氣停。

胯打中節並相連，陰陽相合得之難。

外胯好似魚打挺，裏胯藏步變勢難。

膝打幾處人不明，好似猛虎出木籠。

和身轉著不停勢，左右明撥任意行。

臀打起落不見形，好似猛虎出洞中。

打手歌闡明七拳、十四處打法，而十四處打法不可分而視之。每一手皆有十四處打法，一勢之中諸法兼備。

14. 靜功訣

心定神寧，神寧心安，心安清淨，清淨無物，無物氣行，氣行絕象，絕象覺明，覺明則神氣相通，萬象歸根矣。

特點

形意拳是以整勁、剛勁見長，剛中寓柔，動靜分明，內外相合，形神一致，動作簡潔的拳法。

身法的縱橫高低，手法的起躓落翻，步法的進退旋轉和內部的意、氣、力三者密切結合，形成一個整體，體現了高度的緊密、協調、沉穩、完整，做到身靈勁整。

技擊法則以直勁、快攻為主，出手快速而帶有彈力，動作緊密沉穩，周身一氣，腳到手到，手到眼到，三尖相對，三節相隨，上下貫穿，渾然一體，以形取意，形法合一。

劉氏形意拳特別強調，練拳必先健丹煉氣和練技藝，二者相輔相成。先聚氣於丹田，使丹田氣足，然後內達於五臟，外發於四肢，再加練習拳架之功，使血脈貫通，筋骨堅實，內外如一，手腳相合，動靜有常，進退有法，手不虛發，發則必勝；心不妄動，動則必應。所謂見於面，盎於

背，施於四肢，可知此拳確是與眾不同，獨具一格。

丹田功

人在先天之時百脈暢通，神氣充盈，混混沌沌，無慾無求。後天飲食五穀雜味，受五慾六塵之紛擾，神氣渙散，經絡閉塞致氣血虧損，須逆運後天而返先天。斯道下手方法雖多，言而總之，只一「靜」字，守其一，萬事畢。身形周正安舒，以設氣血之行路；筋骨遒勁，肌肉放鬆，以保氣血之流行無滯。意守中丹田，以一念代萬念，收回心猿意馬，歸根復命，自然返於先天。

中丹田宜守在臍內前三後七處，若是言理，周身無處不丹田。深妙地說，玄關一竅不在身之內外，又在身之內外，一處不在，亦無處不在。真實玄關非是身體一竅，而是佛家之自性，道家之金丹。若是言事，身內竅道甚多，而以中丹田最為緊要。此處先天與母相連，一點元陽落在其中，真氣藏於其內，以神墨守之，則神入氣穴，神氣則能相交。神氣一交，心火下而腎水升，丹經所謂龍虎交、坎離交，皆此之謂也。

站樁時，身形中正，自然安舒，骨升肉降。兩手掐子午訣，抱於臍前，雙眼垂簾，默照海底。習練時，用雙眼將神凝於祖竅片刻，待心神已定，用意送於中丹田，意守中丹田須勿忘無助，自然而然，不即不離，不可著意過重。

初步心依息，念頭想著呼吸；功深後息依心，鼻與臍連成一線，呼吸跟著念頭走；最後心息相依，打成一片。此時意氣相隨，呼吸開合往來於丹田，神氣合一，氣也不問，意

亦棄之，只一覺獨存而念念歸元。

　　氣、息、丹田乃是意之造作，因緣和合，能所相對，皆是幻象。離心則不知息之往來、丹田之開合鼓盪，離卻息與丹田，心之作用則無以發顯。相對而互生，皆無自性，故知一切知覺皆是幻象，不可執著。總之，煉氣只是方法，平心方為根本。「性空真風，性風真空」，學者還須日日用功，行功久則理自明。

　　行功過程中出現身心種種反應，乃至幻視幻聽，皆是身內氣脈變化與心內潛意識之造作所致。切不可著於相上，誤入歧途，只管意守丹田，一切不理會，致虛極，守靜篤，則功到自然成矣。

三體式

　　三體亦稱三才，三才為天、地、人。人法地，地法天，天法道，道法自然。三才之意於拳中即為拳式，法乎天地，順乎自然，中正和順，無絲毫乖謬之意。

　　「三」在古文中作「多」解，一生二，二生三，三生萬物，三為變化之母，以三為體，故知三體為拳法變化之根。在拳式中，又為頭、手、足之喻，又作「三節」解。頭為根節，內應百會；脊為中節，內應心；腰為梢節，內應丹田。肩為根節，肘為中節，手為梢節。胯為根節，膝為中節，足為梢節。

　　所謂明瞭三節多一力，三節不明周身皆空。練時由根節催中節而至梢節，應用時梢節帶中節而根節隨之。體三體之意，明三節之用，形意拳之根基備矣。

　　劉派三體式其要為身體中正不偏，手前撐時，背向後拔，頭上頂，項後豎，自能含胸拔背，沉肩墜肘。同時肩根處極力舒展，又須兩胯都向內裏，不可左右拉開，胯正而肩斜。前臂伸出，大臂與地面成 135°，小臂與地面平行，肘內裏，五指內扣，腕平且挺，指尖朝前與心口平，後手與臍平，雙手拇指一側向內擰勁，手心均須回縮，兩手有撕棉之意，重心為前四後六。

　　總之，樁法務須莊嚴整肅，用力均整，筋撐骨拔，力貫四梢，心念須安靜，氣勢宜雄偉。最要者，形式正而意騰挪，不可站成死樁。

　　三體式練時舒展，用時小巧，前手對嘴，後手對心，所謂前手後手，只差一手。

歌訣

> 三體一站四象分，下部雞腿中龍身。
> 熊膀猴相在上體，形意拳中此為根。
> 道自虛無一氣生，便從一氣生陰陽。
> 陰陽再合成三體，三體重生萬物張。

五行拳

　　以身外天地五行之性，合身內五臟五官，配以橫、豎、斜、纏、直五方五拳，理順於自然，法合乎技擊。萬事萬物之性歸為五行，千變萬化招法約為五拳。由博歸約，約而達變，內養五臟以變化氣質，外演五拳以禦敵保身。

　　五行生剋之理，不可生搬硬套。五行既為概括意，又是衍生意，學者應細辨之。

一、劈拳

1. 理

> 五行屬金，五臟應肺，
> 似斧非斧，捧盤獻瑞。

2. 法

> 起手橫拳，周身亦橫。
> 落手成順，周身皆順。
> 鑽起如捧盤托碟，翻下似斷線風箏。

3. 用

自上而下之動作配以內外擰裹之形式，拳也好，掌也罷，起也打，落也打。出入於中線，皆是劈拳，切不可拘泥。尤須注意由上而下之劈，必先有由下而上之鑽。吾之手一起，彼之根起；彼根一起，落不難也。此「斬」字之妙用也。

二、鑽拳

1. 理

> 五行屬水，五臟應腎，
> 似水非水，倒塌崑崙。

2. 法

> 自下而上非真意，向上且含向前力。
> 意在前臂莫在拳，一陰一陽來復去。

3. 用

自下而上，一左一右，一陰一陽，滾入滾出，守住中

線。前手顧，後手打，前後任意一手由己中線奔彼之來手，
直接向前向上擰裏鑽出，正所謂「不招不架，只是一下」，
顧打同時。

彼出右拳為例，吾出左拳小指一側向內裏，彼右拳自
偏；吾出右拳大指一側向內翻，彼拳亦偏。此「截」之妙
用。

三、崩拳

1. 理

> 五行屬木，五臟應肝，
> 似箭非箭，浪裡揚帆。

2. 法

> 前後直出勢不全，還似舟行浪裡顛。
> 全憑兩腳蹬踏力，滾木撞斷城門閂。

3. 用

直入直出勢貴直，而直中寓曲，遇敵則能變化。守中
線，打連環，前拳後拳只似一拳，後手撤回要螺旋，接彼之
手以大指一側向外向後，此為「挎」也。

四、炮拳

1. 理

> 五行屬火，五臟應心，
> 似火非火，浪打雲亭。

2. 法

> 起似扛鼎落分磚，如火賽炮點即燃。

上架須有翻頂意，江水拍岸打沙灘。

3. 用

要點在上架之手，螺旋滾起，手見眉翻。架手翻時要外頂，不獨以直拳擊人，妙在以上架之手滾翻外頂，將彼斜向擊出。

彼出右手為例，我以右手滾起，小指一側向斜上方外翻，彼即跌出，直拳實乃力之助也。此「頂」字之妙用。

五、橫拳

1. 理

> 五行屬土，五臟應脾，
> 似彈非彈，輪行溝裡。

2. 法

> 形意拳中式曰橫，恰似野馬來分鬃。
> 內裏外翻為真意，橫中有直向前攻。
> 中土不離位，把把不離橫。
> 起橫不見橫，見橫不為能。

3. 用

一裏一翻，妙用自見，唯要守中，貴在有變。手沿中線直進，直進中以大指小指兩側內滾外翻。其要不外陰陽翻滾，而生出八字之用。

十二形拳

五行長於勁力而失於變化，十二形以動物之所長補人之

不足。有起、有伏、有前、有後、有屈、有伸、有斜、有正，洋洋灑灑，可謂大觀。熟習十二形，身法、步法變化之要備矣。

歌訣

> 龍運大椎，起伏升騰。
>> （要在起伏伸縮。）
>
> 虎貴尾閭，撲食蹲身。
>> （要在腰頂尾坐，雙手前下方撲按。）
>
> 猴起膝頂，縱山跳澗。
>
> 馬起前蹄，疾走快奔。
>
> 鼉走雲意，左右分撥。
>> （手領身隨，小指側外翻向左右畫
>> 弧。）
>
> 雞踩雙足，踏雪抖翎。
>
> 鷂子穿林，側身斜入。
>> （窄身長手。）
>
> 燕取領勢，抄水伏身。
>> （要在後手小指一側外翻向後螺旋，
>> 此為領。）
>
> 蛇行挑打，撥草盤根。
>> （彼進右手為例，我右手從下向上取
>> 彼肩根邊挑邊旋為外挑，內挑時務要
>> 微屈肘，以防彼摵臂。）
>
> 鮐尾豎起，裏胯坐臀。
>
> 秋鷹搏兔，下衝俯落。
>
> 老熊豎項，膀打乾坤。

五行六象連環歌

一馬連三箭，白鶴雙翅展。

炮拳勢才落，掩肘往出鑽。

墊步橫拳進，鼉形把浪翻。

蛟龍潛海底，崩拳捅心間。

狸貓倒上樹，金雞踏雪寒。

食米復抖翎，報曉鳴樹顛。

劈拳似利斧，猛虎硬推山。

猿猴縱身起，輕靈似飛仙。

鷹熊兩相鬥，鷂子沖雲天。

回頭穿林去，氣足神亦完。

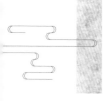

八卦掌講義

源流

八卦掌由清末董海川所創，有百餘年歷史。董先生所傳弟子眾多，根據弟子各自不同的特點，所傳授的掌法也不盡相同。較為有名的有尹福的尹派八卦，因其主要活動在東城，亦稱東城八卦；程廷華多在南城傳拳，故亦稱南城八卦。

程廷華，字應芳，因其經營眼鏡店，故人稱「眼鏡程」。程之八卦與董公原傳相近，架式寬大，勁力剛柔並重，身法宛如游龍，傳人眾多。其子程有龍得其真傳，一生潛修八卦，兼習太極，終老於天津淨業庵。程有龍弟子中能承其衣缽者有孫錫堃、何均等。

何均，字月波，河北人氏，於 20 世紀 20 年代受聘至國民師範任武術教師，傳授八卦掌。

何先生轉掌時身影難辨，落步無聲。冬天赤膊，於胳膊上掛一灌滿開水的銅壺練單換掌，由左手一穿便至右手；夏天反穿羊皮襖而不出汗。與人搭手，三成勁力便可將人放出丈外，功高莫測。

何先生在太原的傳人不多，路開源可算其中翹楚。

　　路開源，字之長，清徐南營村人。習形意拳、八卦掌，劍術功夫尤精，亦通書畫、音律、醫道、相術，可謂多才多藝。可惜先生在「文革」中飽受摧殘，於 1976 年逝世，享年七十二歲。先生雖傳人不少，然精其技者不多，其弟子中能全面繼承先生技藝者唯安慰一人。

拳理

1. 三空
　　掌心空，勁達指梢；足心空，沉中含靈；胸空，氣沉丹田。

2. 三象
　　出掌如猴，喻其輕靈迅捷；身法如龍，喻其靈活矯變有三折之勢；行步如蛇，喻其蜿蜒曲折，擦地而行。

3. 四德
　　順、逆、和、化。順中有逆，逆中含順，順逆互生；由順而生和，由逆而生化，辨彼來勢之順逆而以和化應之。

4. 四墜
　　肩墜腰，腰墜胯，胯墜膝，膝墜足。

5. 八能
　　搬、攔、截、扣、推、托、帶、領。自內而外為搬，由外向內為攔，將發未發之際為截，覆於其上為扣，由後向前為推，自下而上為托，自上而下為帶，由前向後為領。

6. 九要
　　塌腰，扣膝，提肛，頂頭，裹胯，鬆肩，垂肘，縮肩根、胯根，起鑽落翻分明。

7. 十二緊

身直，項立，垂肩，墜肘，緊背，空胸，塌腕，手頂，
裏襠，縮胯，兩膝相抱，屈腿蹚泥。

推託帶領，搬扣劈進，

捉拿扣打，封閉閃展，

能進能退，能化能生，

剛而不滯，柔而不散，

靜如泰山，動如游龍，

眼銳身隨，心穩手準，

勁斷意不斷，意斷神亦連，

擊掌如牛舌，換掌如穿梭。

守中奪中，棄梢取根，

螺絲勁層層不窮，圈中圈處處有變。

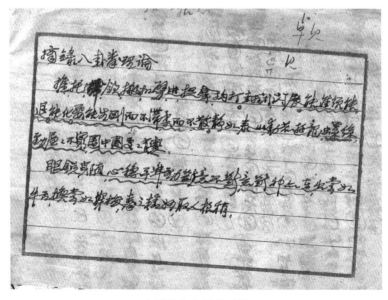

安慰先生八卦掌手稿

8. 八卦掌總歌

八卦掌，走為先，變化虛實步中參。

收即放，去即還，指山打磨游擊戰。

走如風，站如釘，擺扣穿翻步法清。

腰如軸，氣如旗，眼觀六路手足先。

行如龍，坐如虎，動如江河靜如山。

陰陽手，上下翻，沉肩墜肘氣歸丹。

要六和，勿散亂，氣遍周身得自然。

擺扣步，要仔細，轉換進退在腰間。

手打三，腳打七，手腳齊進莫遲疑。

胯打走，肩打撞，周身擠靠暗打膝。

高不擋，低不攔，迎風接近最為先。

數語妙訣掌中要，不用純功也枉然。

9. 八卦掌打手歌

出掌一伸手，氣把丹田沉，

呼吸要自然，矯健如龍游。

走則勁在足，換式腰是手，

前掌虛作樣，後手肘下守。

正人先正己，轉身先轉步，

進則前步進，退則後步退。

欲坳我先靜，欲屈先伸手，

人疾我先往，人來吾便走。

動步窺左右，不忘顧前後，

眼明觀六路，眼到意即有。

意有而氣重，氣至力在手，

使梢先使根，勁在腳上走。

掌隨步伐翻，步按掌動行。

腳練十年功，掌取強中手。

特點

本門八卦掌為路開源先生在張蔭梧、何月波、鄭懷賢諸先生傳授之基礎上，融各家之長而成，風格特點仍尊程派。手出龍爪，步走蹚泥，圓中有直，腳走不停，手運無間。

踢打摔拿兼備，上中下三盤俱足，由直行而轉圈，由定步而活步，以能變能生為工巧，以剛柔相濟為能事。由步法生手法，以步法帶身法。手法千變萬化，不離內裏外翻；步法往來盤旋，不離「擺、扣」二字；身法縱橫起落，不離伸縮圓研。出掌如猴，行步如龍，換勢如鷹，極盡手眼身步之能事。手抱陰陽不離三角，步走八方不離弧線。以圓代直，以蹚替踩，以奇練正，以反取常，走勢為橫，落勢為豎，橫開豎撞，走線打點。

歌訣

守住中門用鑽翻，棄根取梢把敵掀。

任憑巨力來打我，旋轉變化圈中圈。

三才掌

掌以三才為名，取法天地自然之道，而應之於拳式，八卦身法、步法之要皆在此三掌。

1. 地盤掌

黑虎出洞，沉中有浮，主練塌腰裏胯。

2. 天盤掌

青龍升天，升中含降，主練沉肩墜肘。

3. 人盤掌

黑熊反背，前擁後撐，主練含胸拔背。

三掌皆要丹田與命門相合，肚臍對圓心，為向心力；命門對圈外，為離心力。

青龍返首

此為八卦掌之母，手上陰陽掌，腳下丁八步，縱橫成十字，目向圓心注。擰腰裹胯，扭足掰膝，腰塌頭頂，前手如頂物，後手向前助力，周身似擰繩。穿掌時沿中線上穿，裹胯轉腰，帶動手邊穿邊轉，穿至極處，掌向外翻，橫向畫半圓，同時自上而下畫椎圓。起鑽高不過頭，落翻低不過眉，腰領手隨，手不妄動，純任自然。最要者，鼻尖、指尖相對，兩點連一線，須臾不可離之。

落勢後，身手與腿成 90° 為宜，目視虎口，兩掌皆是豎勁，力皆向圓心。

單換掌

此掌為八卦掌之首，身法之伸縮圓研，手法之擰裹鑽翻，步法之擺扣蹚泥，諸法皆備矣。

由青龍探爪起，裡腳直走於四正位，外腳扣步內切在四隅方，兩脛相磨如剪子股，兩足平起平落，輕提輕放，自然而然，不可造作。落步以足不擦地、落步無聲為妙，邁步以

不牽動重心為宜，不同於別家之擦、搓、探等法。上下勿有起伏，每圈以八步之數為度，兩掌齊向圓心推頂，力點在掌外側，亦稱「小天星」。由步之走轉，手之著力，身心撐裹，自有研磨之意勁。尤要心意不散，心意聚則氣力能聚，周身向心；心意散則步不成圈，周身皆失法度。

換掌時有三式。左換右時扣右腳，縮胯塌腰。左手以小指一側內裹，二目從左手虎口看出，有猴視之相、虎坐之形。

接上式不停，左足掰開，落於圈上，足尖微扣，不可外擺，重心坐於後腿，圓襠扣膝。腰向左轉，而帶肩、肘、手節節由豎變橫推出，左手小指一側外翻，右手亦向左旋，以助其力，取鷹翻之意，成望月之形。

上式不停，右足扣於左足前，兩足尖相對，呈內八字，扣膝合胯。左手不動，右手向左腋下穿出，掌心朝上，目視右掌指尖。周身合為一氣，縮作一團。以右掌托左肘邊穿邊向右轉，手領身隨，兩掌復轉至圓心內，成青龍返首右勢。

歌訣

> 花隨流水去，風送暮雲回。
>
> 三式連一氣，揚帆順波歸。

十大掌

單換掌（兩儀），雙換掌（四象），順勢掌（白蛇伏草），三穿掌（金雕相鬥），背身掌（麟吐玉書），翻身掌（大蟒翻身），風輪掌（獅子滾球），生成掌（脫身換形），回身掌（犀牛望月），混元掌（游龍戲水）。

三種步法

1. 三角步

如單換掌在圈裡扣步再向一旁掰步，左右變化，兩邊騰挪。

2. 四方步

雙換掌從外扣步（彼在左則扣右步，彼在右則扣左步），向後撤至彼之側後方。

3. 回環步

順勢掌向圈外先擺後扣，轉一圈又回圈內，打的是回頭望月，腦後摘盔。

八卦掌步法雖變化萬千，終不離此三掌。

八卦進階

先習樁功，次練定式，再走直步蹚泥（陸地行舟），以活其步。復練直進穿掌、塌掌，踩三角步打撞掌、撲掌，以發明剛之勁，合整肅之形。

走三才掌強化身法之規矩，使氣降於丹田，命門丹田相合，而行於四梢。

走定式十大掌，使身步相合，內外調順。

走活步十大掌，以求招式聯貫不停，圓活無滯。

再走變掌穿九宮，求縱橫矯變，入化出神。

另有片旋、雙抱、揉球等散掌穿插任意習之，生萬千手法無窮變化。

總之，八卦掌以掌為能，以步當先，此為不易之理。又

於不易中貴乎變易，而不易與變易總歸於簡易，此八卦掌之
奧妙也。

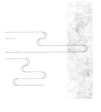

太極拳講義

拳之所以稱太極，顧名思義，此拳必符陰陽變化之道，而以中和為統攝。《易經》云：「一陰一陽謂之道。」太極者，動靜之機，陰陽之母也。天地萬物須臾不離陰陽，亦即須臾不離太極。故太極之體用應之於萬事萬物，合乎於種種拳術，而不獨存於太極拳中。雖然如是，中華拳術眾多，而能體現陰陽變化統一之理最顯著者，當推太極拳也。

以太極之體而發之為用，外感於自然，內應乎身心，此太極拳之原理也。

太極妙體陰陽大道，雖無時不應乎萬物，無刻不離於吾人，然常人皆在被動之中，此妙用不得發顯。一身備五行陰陽，而不能與天地大道相合，雖身處道中而不能明道。「不識廬山真面目，只緣身在此山中」，即此謂也。

故先賢為發明斯道而以身心為爐鼎，意念為火候，自身精、氣、神三寶為藥物，煉內丹而感外物，棄五慾六塵之枷鎖，通五氣三花之行路，使身內之小天合於身外之大天，顯光華而朗照乾坤，轉後天之靈知為先天之真知，變被動為主動，變矇昧為靈明，此丹道之本意也。

太極拳術尤重內丹修養，以氣沉丹田，丹田內轉，周身無處不丹田為進階，而終以還丹為大道。丹之為何，非有象

之物、有形之屬。若言下手處，丹田乃身內竅位，有上、中、下之分，各主精、氣、神三寶。若言其體，道家之玄牝，佛家之法性，儒家之明德，皆此之謂也。

太極拳以內丹為根本，以剛柔、虛實、動靜、陰陽變化為宗旨，演為八門五步十三式之妙用。以拳術明後天陰陽之理，以拳術返先天自然之道，此習練太極拳之真目的也。祖師云：「欲與天下豪傑延年益壽，不徒作技擊之末也。」若學者能與自身習氣為敵，信我命由我不由天，攬陰陽，奪造化，打破虛空，方是大英雄，堪為真豪傑！

此拳源自道家龍門一脈，以內丹煉化貫穿始終，以靜為體，以動為用，合肢體，鬆氣路，靜意念，使氣沉於丹田而運於四梢，配以八法五步演為十三式。

起勢之初，混混沌沌，不執一念，來則不拒，去則不留，來去之際，心思未發，是謂之中，亦謂無極。

凝神於祖竅片刻，收回渙散之神，繼而將神送於臍內三寸處，此處為氣穴所在，先天與母相連，一點真陽落在其中，為一身之要竅。神入氣穴，神氣自能相交，內則神氣相交，外則上虛下實。空胸實腹，頂懸起，身鬆沉，自能心火下降而腎水上升。火居於下，烹上方之水，心腎一交，抽坎填離，爐鼎即立，丹象初成。意守臍內，勿忘無助，呼吸往來，若存若亡，氤氤氳氳，自然而然。此時心意發動而皆中節，是為「和」，亦即太極。煉一氣之升降開合，往來於周身上下，而升降於丹田之中。

起勢以無極生太極，由太極演變化，以氣沉丹田，丹田升降為標的，且含無窮變化之招法。身手之起落開合總不離腰際，內氣之升降吞吐總不離丹田。

　　十三式左右對偶，反覆練習，可單練亦可合演。十三式為各派太極所重，吾門拳術以丹法為根，十三式為一氣之變，合五行八法，應八卦五步，故亦稱十三丹。

　　十三式互相演發，互為作用，合則成一體，分則為十三，化則生萬千變式。十三式乃手、身、步法變化之歸約，由丹法生無窮勁法，非有限之招法也。太極之勁無不從此出，亦無出其外。八五之數非牽強附會，實乃極數也。

　　太極、形意、八卦皆有八法，三拳各取立圓、橫圓、混圓，而圓上變化之數皆以八為度，多嫌有餘，少則不足，步法之數以五為度，理亦如是。

1. 掤

　　掤為向前上之勁，竅在會陰，力在兩臂，守己而禦人，不貪不欠，八法以此為宗。

2. 捋

　　捋為向後之勁，竅在祖竅，處處皆可捋。肩、肘、臂、胯，凡向後轉化者皆是捋，非獨掌指然。腰為圓心，以接觸點做向後之離心力運動，借其勢，順其力，此捋之要義也。

3. 擠

　　擠乃向前之勁，竅在夾脊，以後催前，如錢射鼓，貴脆貴透。開中有合，合中有開，內勁前後鼓盪，兩臂勿橫，相搭宜成三角之狀。肘沉墜，臂撐裹，力合一處，此擠勁之妙矣。

4. 按

　　按為向前下之勁，練時向前攻，用時貴吸胸，竅應膻中，胸前似鐵吸石，含胸吸化彼之來力，以己之神氣引彼之神氣，使彼如臨深淵，神散氣浮，足下失根。

5. 採

採為拿法，力在下方，竅在丹田。拿非獨指擒拿，拿法貴在以勁拿，以神氣拿，師云：捨己從人不用拿。學者深思之。

6. 挒

挒，交錯之勁也，竅在腎俞，凡使彼左右扭錯橫向失中者，皆為挒勁之功。用挒勁須辨彼手足之動向，察彼重心之轉移，取其重心，使其失中而敗。

7. 肘、靠

肘與靠皆是進身之法，貴在得機得勢，近身施法。肘之竅在肩井，靠之竅在玉枕，而用肘用靠皆以身法為根，內勁為本，近身為要。

此八法演練時，身手雖多變化，而皆不離「開、合」二字。竅雖各異，皆以丹田為本，勁力源頭發於腰際。若尋腰際，命門為歸。

修道之要丹田也，術法之要命門也，丹田命門為一開合也，學者詳察之。

前進竅在會陰，性屬水，如江水沟湧；後退竅在命門，性屬火，如風退鵝毛。左右顧盼，各應金木之性，須手眼相應，活似車輪。中定竅歸丹田，性屬土，寂然不動，感而遂通，定中生化，靜中有動。

總之步法之妙在於「騰挪」二字，意騰挪，勢騰挪，步方能騰挪。守己之中土，視彼之變化，應以進退顧盼之法。無論步法如何變化，終以中土不離位為準。

十三式之於用，結構貴中正不偏，手足相合，以命門為

根，以丹田為源，以腰為主宰。形不破體，成一混圓，掌吾生門，彼入死角。勁力則以沾黏連隨為主旨，不丟不頂，順勢借力。至於勝場爭鬥，還須丟而不丟，頂而不頂，若即若離，離中有即，即中有離，離即是即，即即是離，如此方是真太極勁也。

　　十三式之於道，總要心靜神凝，氣以直養，意到、氣到、力到，而終至形無形、意無意之境。意為後天之靈知，意與形相合而至相忘，自可氣滿神完。意乃化為先天真知，真知即是真心，真心既見，道在眼前。以拳術悟道，而於日用之中常應常靜，守道心，去習氣，不惑於名利財色誹謗譏侮，不著於身內氣脈心中情思。苟日新，日日新，又日新，用功既久，陰符褪盡，純陽獨露，還丹得道之日自不遠矣。

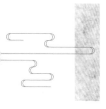

器術精華

槍術運義

　　拳術中歷來有一半拳功一半槍功之說，不練槍者不明此理，能窺槍術門徑者則信此言不虛也。

　　槍為百兵之祖，器中之王。槍扎一線，線須精準一貫，槍不過斗，槍圈須圓而緊湊。復次，槍長且沉重，槍花易舞而槍點難尋，故槍術為器械中最難精者。

　　槍之要義有四：

　　其一，三尖相照，槍持四平。

　　三尖者，鼻尖、槍尖、足尖，三尖一線，力乃合一，處處三點歸中，則時時子午無偏。守中線中門，奪彼中門中線。四平者，肩平、槍平、頂平、腰平，四平之勢易守難攻。槍於上，則易敗於抽；槍於下，則易敗於拉；槍發中平，則彼攔拿皆失之於用。譜云：「中平槍，槍中王，中間一點最難當。」

　　其二，槍扎一線，神在一圈。

　　槍法以攔、拿、扎為津樑，攔、拿即為拳術中之鑽翻撐裹。攔、拿為顧，扎為攻，槍之功法雖多，然以扎為主，扎須一線。譜云：「來如箭，去如線。」線貴直貴速，邊進邊

旋，如子彈出膛然。槍之神全在攔、拿所成之圈，槍貼身時，點在槍尖，把端動一寸，槍尖動一尺；槍離身時，點在把端，把端動一尺，槍尖動一寸。槍法圈中之變，生拳中劈、鑽、崩、炮諸法，此中奧義，難以言表，學者功深自知。

其三，後手如鉗，前手如管。

此喻雖恰當，然亦不可死執。前手、後手、槍尖、把端總要靈活運用，視實際而定。手活則槍活，可長可短，指前迎後，剛柔一體，堪稱妙術。

其四，另需明槍花、知槍點。

槍花、槍點皆不可少，舞花不徒為美觀，花中暗含掛、撩、劈、提諸法，學者不可不察。舞花務要貼身，腰似車輪，腳下如鑽，左右旋轉以成立圓，舞花以能「過一人巷」為準。槍點為槍術中最難精者，內外相合，上下相隨，前手鬆，後手緊，前手做支點，後手做機關，前手由鬆變緊，後手由緊變鬆，高低左右，力發自然。前手調左右上下之定位，後手出劈、扎、崩、抽之槍法。

至於槍之勁法，與拳術相同，以槍理悟拳理，以拳勁明槍勁，拳槍一體不二，相得益彰。槍術於當世雖失其使用價值，然槍術於拳術之進階，理法之明悟，則為用大矣。炮捶形意等門多脫槍為拳，豈可將源流忘卻捨棄哉？

槍術總歌

四平無偏當陽後，三尖相照子午端。

前把握管後把鉗，出入一線直為先。

行著戳革諸法活，前做支點後機關。

調崩纏點開巧門，萬千變化在一圈。

心卻忘手手忘槍，眼前只見天花旋。

威威虎豹下平川，蠕蠕龍蛇翻波瀾。

乃知熟處是通神，解牛斫輪安足羨。

問彼顛張與醉素，君槍豈讓公孫劍。

刀術要略

有諺云：「刀如猛虎，劍似游龍。」此一句於刀術為害不淺矣。若是外行看來，刀舞動時，呼呼生風，確有猛虎之相，在內行看則以「輕刀快馬」為妙。

輕非謂刀輕，而指用刀之法輕快俐落。刀之為器，本自沉重，沉重之器，加之沉重剛猛之刀法，則愈顯沉重笨拙。器之於用，輕快如劍者，法宜沉穩，沉重如刀者，法宜輕靈，如此方不致孤陰孤陽，雙重之病。故用刀之法務要輕靈活潑，鋒背分明，刀法準確。

輕刀還須加快馬，馬即步法也，步法宜快而沉穩，迅捷中含輕靈。此外，刀法舞動必要緊湊嚴實，綿綿密密，纏頭裹腦，務要貼身，沾連不斷，刀身合一。古人有「水潑不進」之喻，殊為得當。

刀諺云：「單刀看手，雙刀看走，大刀看口。」演習之時，必要身、眼、步、刀、手緊密協調，刀法之準確，勁力之完滿，必仗刀手協調之功，尤要注意刀手撐架須與刀之方向相對、相呼應。刀手與持刀之臂要成一條線，切不可徒求美觀，上架過高，而丟撐拔之勁。

刀法輕靈嚴密，步法快捷沉穩，刀手撐拔協領，內外相

合，神形兼備，外加之拳術基礎，刀法自通玄妙矣。

五虎刀為辛元師爺傳與安慰先生，原為七星通背拳系之器械。此刀招法多變，步走奇門，一般刀法以纏頭裹腦為能，而此刀更有攔腰護膝之妙。

世之刀法多以中盤、上盤為主，此刀則三盤兼顧，套路中起伏不定，進退難測，防守嚴密而攻勢險峻，套路結構嚴謹，起承轉合，法乎自然，吞吐開合，應乎規矩。起如舉火燒天，落如霹靂擊地，進如江水拍岸，退如風捲鵝毛，快似打閃紉針，慢似行雲流水，洋洋大觀，堪稱高術。

刀術歌訣

刀稱五虎非尋常，神閒氣定乃剛強。

虎憑威嚴服眾獸，勿恃凶戾稱大王。

以虎為名取真意，刀走輕靈步走狂。

纏頭裹腦緊隨身，攔腰護膝細參詳。

風雨不透如鐵壁，三盤嚴密似銅牆。

鋒背分明知顧打，進退得勢曉柔剛。

連環無端開復合，吞吐二字敵命亡。

劍術法要

古之文人皆佩劍，以劍之形法喻君子之氣質。若言其體，劍配天干地支，合五行、配三才，有通鬼神、奪造化之能；若言實用，劍兩側開刃，中間出鋒，於短兵之中變化最多。

劍之於道，古有劍仙之說。神氣與劍相合，而至相忘，

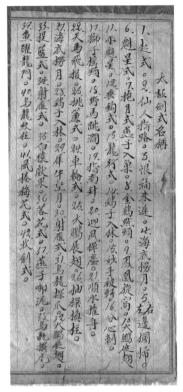

安慰先生太極劍手稿

劍與人、器與我，一體無二，道、人、萬物三無差別。

劍究竟是有相之外緣，於內則要以無形之慧劍斬煩惱、斷無明、除分別、去執著，外感於劍而內應乎心，此劍術於道之大用也。

劍之於用，其要有三活：一活步，二活腰，三活腕。步活足如行雲流水、順波舟發；腰活身似龍游長空、雁落平沙；腕活劍賽風中夾雪、急雨催花。另要明剛柔、合手眼、知劍法、通運用。

劍之運勁貴在悠忽持久，含而不露，蓄中藏發。寓剛柔於劍式，全柔者不能達其用，全剛者不能貫其意。柔而不散，剛而不滯，務使氣發尾閭，勁貫劍尖，此為劍術易學難精之處。

練劍需眼隨劍走，神領劍隨，目光不離劍鋒三寸處，此點尤為重要，不可不知。劍指亦不可忽視，運劍之氣勁能否圓滿無虧、氣力達於劍尖，全仗劍指攜領之功。劍上而指下，指後而劍前，務要配合協調。

劍法以運腕為要，運腕以成法，搖腕而生花。內裏外翻、上提下按而成劈、刺、抽、撩等劍法。行劍時要有線、有點。線為運動之勢，運勢不停，而線圓滿無滯，線貴圓

滿、貴鬆活。點為落式之形，形式正而點無偏，點貴果斷、
精準，又以步法為線，行走輕靈。

步型為點，站定沉穩，線中亦有點，點中亦有線，圓中
含方，沉中寓靈，學者需細辨之。

劍之於用，必先有演習之功，而後方能顯其妙用，其關
要在於劍鋒之前三寸，抽、提、劈、掛全仗此處。與彼交
鋒，沾其械、取其腕，不可磕碰，要不見其形，不聞其聲，
逢堅避刃，遇隙削剛，順彼之勁路直取其要害。此數言道盡
劍法技擊妙用。

學者仔細推尋，於平日演練時，無人似有人，一旦應
用，則能有人似無人，若至於神氣合於劍，技藝近乎道之境
界，「十步殺一人，千里不留行」，信不虛也。

劍歌

自古傳奇劍術多，修道津樑玉律科。

中鋒息卻煩惱焰，兩韌斬斷慾海波。

神氣無二念頭死，人劍合一法身活。

虛實上下堪可道，內外剛柔難言說。

步踏青萍橫秋水，劍掃薰風舞碧波。

神將持劍演曼舞，仙人撫琴嘯狂歌。

三尺青鋒彈流水，不見知音奈若何。

龍形劍，20 世紀 20 年代，劉殿琛、王俊臣二位先生於
國民師範任教時傳於路開源先生，路先生又傳給安慰先生。
劉殿琛為劉奇蘭次子，王俊臣乃張占魁之高足。路開源先生
擅形意、八卦，於器械則專精劍術，劍術中尤喜龍形劍。

　　該劍以形意、八卦為基礎，劍少停頓，步多曲線，圓滿流暢，行走無滯，宛如游龍飛鳳，飄飄蕩蕩，縱橫揮霍。翻天兮驚鳥飛，滾地兮不沾塵；隨其形以變化，順其勢而飛騰；似開而復合，似擋後而迎前。用劍身少，用劍尖多，劍柄不甚動而劍尖上下回環。力達劍梢，神貫劍身，身劍合一，習之既久，不知身之為身，亦忘劍之為劍，劍外無身，身外無劍，一派天然。

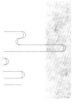

後記　別去休言身後名
——弟子閻子龍回憶

（一）

安老師常和我說起海子邊的往事，說起海子邊的武林與異士們，也說起過他在海子邊跟隨老師父們練拳。在他口中，海子裡面盛的不是水，而是滿滿的記憶與懷念。安老師的故事開始於海子邊，就是現在文瀛公園的文瀛湖，我和他的故事開始於迎澤公園的迎澤湖。多年過去了，如今我再走在迎澤湖畔，面對瀲灩的湖水，心裡湧出惆悵與懷念的那一刻，我才明白了安老師的某些心境與孤獨。

我認識安老師之前就聽說過他。因為父親的一個朋友是安老師的學生，常來我家，聽說我喜歡武術，就和我聊起安老師，說要帶我認識，我也一直沒當回事。

大約是在我初中一二年級的時候，無意中與安老師見了第一面。那天上午，我和父親及他的朋友在迎澤公園散步，父親的那位同學指著遠處一個身影說：「看，那就是我說過的安老師。」

然後拉著我跑過去叫了聲：「安老師！」

他那會兒八十歲左右，長得挺慈祥，穿著中式衣服，戴個帽子。聽到有人叫，他停住腳步回身看了一眼，客氣地回覆了幾句，就繼續走了。雖然只是短短幾句寒暄，但讓我印

象深刻。

印象最深的是感覺他像書裡面的人，說話輕輕綿綿，走起路來緩緩慢慢，步子特別輕，像在舞台上走台步，有種飄過來、盪過去的感覺。

隔了很長時間，我又去迎澤公園，意外地碰見了安老師，他正在教一些人練太極拳。突然的相遇讓我有點不好意思，正不知要不要打招呼的時候，他主動走上前來，用普通話跟我說：「咱們見過是不是？」

我支支吾吾，低聲說：「是的，上次……」

沒等我說完，他就接著說：「你練沒練過啊？」

我說：「學了點形意拳。」

他說：「你練一練，我看看。」

我就練了兩下劈拳，他看了看說：「學得挺好的，模仿能力挺強。」

然後開始用太原話和我說：「我家裡也仄逼，你要是想練就到公園，我教你。」

我感到很突兀，但看到他熱情的神態，也就應承了下來。接著他自我介紹說：「我叫安慰，今年八十歲。」然後就談起自己的武學師承：少林、形意、八卦、太極。

我第一次聽到了霍寶珊、辛少軒、路開源、孫劍雲等先生的名號。我們聊了好一會兒，聊到他的大學和專業、他的工作，等等。

雖然是普通的交流，但安老師用的是純正的老太原音，話裡話外帶著「之乎者也」，輕聲慢語，古雅又有味道，帶給人一種歷史的滄桑感。聊了一會兒，他轉身繼續教別人練太極拳，我在旁邊站著看。

他說：「腳要配合一吸一呼，不光是手上有開合，身體也有開合。腳後跟一落，吸，腳掌落的時候是呼，包括其他地方都有呼吸。腳上有起落，腳底下也有開合。」

那會兒我在網上看過孫劍雲先生練拳的影片，安老師的身形和孫劍雲先生一模一樣——前面小腹有些隆起，後面有點駝背。安老師倒是不駝背，是後背有點高了。

他瘦高瘦高，老了之後還一米七幾；戴個大眼鏡，鏡片後面的眼睛特別明亮深邃，就跟兩個黑珠子一樣，看人的時候眼睛就冒著光。

我在旁邊看他教拳，聽他講拳理，越觀察越覺得他說得很對，也就開始有了興趣。這是第二次見面，也是第一次正式見面，感覺他跟孩子一樣，平易單純。

但是，再一次見面就不一樣了，和第一次態度完全不一樣。

這次見面是在迎澤公園的藏經樓，我遠遠看見他拿著雙劍在教人。等他教完幾個動作後，我走了過去說：「安老師，您好，我也要和您學習。」

他說：「你要學啥？」

我說：「我也不懂，您看能教我點兒啥呢？」

他說：「你想學我就得教？你自己練去吧！」

說完朝著他家的方向轉身就走。他家住在五中，離迎澤公園蠻近。我趕快跟上去，一路追著他問是不是自己哪裡不對，他隨口應付幾句，幾乎不理我，徑直回了家。

第三次再見，只隔了一個星期，是個週末。不管怎樣，我和安老師的關係建立起來了。

接觸時間長了，我對他古怪的性格有了瞭解。他教我的

第一趟拳是八翻手，也叫岳氏連拳。八翻手總共是八趟，一趟八個式子，其實是一趟四個式子，左右互換著練。這趟拳是王新午先生傳的，霍寶珊先生教的他。八翻手我學了一年多。按照當時我的看法，套路一天就可以學完，但安老師教了我一年多，就是「不好好教」，故意的。

比如一個動作教完，隔了一個星期、兩個星期、三個星期……你就等吧，等得著急，急得心裡生埋怨，他也不告訴你下一個動作。約好了學習時間，他把你扔在那裡，和別人聊天去了。聊完天就去轉悠，就是不理你，你問也不告訴你。你在那兒練，他也不看你，偶爾偷偷瞟你一眼。

當時我正在高中時期，血氣方剛，不知道深淺，心裡憋了一肚子怨氣，一直在琢磨還要不要和他學了。但也奇怪，他越這樣，我就越和他賭氣，就越要堅持，越想練出個樣子給他看看。就這樣帶著一肚子的情緒把八翻手學完了。

學完之後，覺得總算可以學新的了，誰知又是八翻手，從頭開始學！好在他心情好的時候還會講講用法；心情不好

安慰先生（左一）給弟子講手

了，把你往那裡一撂，自己該幹啥幹啥去。但在這段時間裡，父母、學校裡的老師和同學都說我變得沉穩可靠了。

後來安先生說到辛元先生教他形意，一個三體式站兩年，說到他內心的所思所想和委屈，我立刻明白了他的苦心，這是對我的錘煉打磨。

回憶學八翻手時期，從內到外忍耐的那些情緒，自己不知不覺地學會了化解、等待、忍耐，不知不覺把青春期的暴躁降服了。那時候，在我腿腳功夫紮下根基的同時，精神、內心也紮下了一條根。

（二）

安老師常說：「武術是中國的傳統文化，練武術不是為了打人，傳統文化是為了傳承下去。」

但是他忍不住就告訴你手法怎麼用，講完就搗著嘴笑著說：「又教你打人了。」

一個式子一個式子學用法，天天練。練錯的時候，他要嘛不說、不理我，要嘛就是當著眾人的面說：「來來來，你們看看他練的是什麼東西。」

把好多人叫過來圍觀我，然後就開始挖苦，多難聽的話都能說出來，弄得我很難堪，無地自容。等到我滿臉通紅，他就站在旁邊看著我笑。好幾次我都想轉身走，再也不見他，但每次我都強忍了。

有時他在前面練，我在後面跟著練，練著練著，他會突然扭過頭說：「我在這邊練，你在那邊跟著瞎練，照貓畫虎也練不成，你自己練自己的去。」

但如果我聽了他的話，不跟著他練，他就說：「我練的

時候你不好好看著，能學會嗎？」

另外，和他練的時候，我必須一個人老老實實在那兒練，不能和別人說一句閒話，但凡和別人說話，我再去請教他，他就不理我了。他說：「你是來練拳還是來說閒話？要想說話，你去找他們去，找我做甚？」

有時候他教完我就去散步，我就繼續練，要是有人來看我練拳，或者我跑到別人那裡去練，只要他看見了，劈頭蓋臉就罵：「我教你這些東西，是讓你在別人面前賣弄的？」

弄得我不敢左不敢右，不敢動不敢靜，只能按照他的要求一點一點地做到。這樣一段時間後，我個人膚淺、猜度之心慢慢打消，跟著他的指導，按照他的要求，做得都比預期的好。

安老師教武術動作特別規矩，他強調的並不是動作套路，而是身法。單單頭頂、沉肩、墜肘、含胸、拔背、收胯這些要領，都重複了幾百遍，凡講動作都要強調一遍。

他常說：「如何勁達梢節？如何能氣沉丹田？靠的是身法，靠的是身形結構。形式擺對，身法擺對，勁才能出來，氣才能降下。」

一個動作，他最多只教三遍，和他學八卦就是這樣。八卦學了兩年多，擱現在，網上看個影片，幾個動作兩小時就學會了。但那時，一沒這麼多資源，另外也不敢。他教啥我練啥，不敢造次。

安老師教的東西，和別人練的、教的都不一樣，教學的次第和安排也與眾不同，非常系統。基本功怎麼練，第一步練什麼，第二步練什麼，按照他的要求練下來，進度非常慢，就是不多教，吊著你，你想學都不行。等你的興趣被勾

起來，開始認真學的時候，他卻打退堂鼓說：「不要練這了，這沒用。練這東西幹啥？」

然後教你新的。新的也一樣，興趣剛培養起來，他就又變卦，總這麼吊著你。雖然到最後，該學的也都學了，但他就是不痛痛快快教你，反反覆覆吊你胃口。

現在想想，他是為了治人們在學習過程中求快求全、喜新厭舊的毛病。我那個時候正是想走捷徑的年齡，他怎麼會不知道？

所有的套路都不教完，首先，讓你沒辦法得意、炫耀，沒了新舊之分，更談不上喜新厭舊；其次，為了把全套學完，你自己就得加倍用心觀察和琢磨，培養思考能力，尤其是對整個拳術體系通盤考慮，每招每式之間的聯繫，前面與後面、後面與前面的關係，等等，比老師一口氣教完效果好；再次，安老師常說套路學多了不好用，藝多不養人，關鍵要把核心的東西把握住，我一直不信，覺得他是在找藉口不教我，後來我才發現，在他這種教學方法下，套路的神祕被破除了，反而讓我更看重套路背後的東西。

（三）

安老師對很多事情的看法和一般人不一樣，有一天和我閒聊，他突然問我：「你看世界上的人每天都在幹什麼？」

我說：「每個人不都是該幹什麼就幹什麼嗎？該工作工作，該休息休息。」

他哈哈大笑，給我講了一個故事。

忘了哪朝的皇帝，有一天站在城門樓上問身邊的大臣：「你看地上有多少人？」

大臣回答：「人多了，數不清。」

皇帝說：「底下只有兩個人。」

大臣問：「哪兩個人？」

皇帝說：「一個是為名的，一個是為利的。」

我聽得一頭霧水，不知道他想說什麼。

「司馬遷說：『天下熙熙皆為利來，天下攘攘皆為利往。』」安老師說。

我當時便插話：「我和你在一塊兒就沒有什麼名和利。」

他說：「你和我沒名利？街上那麼多老頭兒你不攪著，你為什麼攪我？」

意思是他所會的東西如果不行，我也不會找他學，我來求學就已經是帶著目的，這就有名和利的關係。他把師徒關係說得讓我很尷尬，把人世間一切人情包裝都扯掉。不管我們倆關係多深，還是脫不開名和利，只不過名利之外多了點情感而已，並不能改變關係的本質。

他對世俗看得太徹底、太絕情，讓人無法接受。直到後來他去世了，我自己也有了徒弟，我才知道他這是教我怎麼能做到「有情而無情」「有情而不被情所累」。

在和安老師學習的過程中，如果有什麼心得體會，絕不能和他探討，他不接受，也不理睬。每次我提出不同想法的時候，他就說：「我讓你咋練你就咋練，你不要賣弄聰明。」

假如我問：「這個式子是不是這麼回事？」

他就說：「既然你這樣問，你問的時候心裡就應該有答案，還問我幹嗎？你問我，無非是要得到一個肯定的答覆，

安慰先生德相

安有武陵
人去遠
也無桃園
歸來復
春　子龍

安慰先生畫像（閻子龍繪）

安慰先生於藏經樓前演練八卦掌

或者你就是在炫耀自己的聰明、領悟。」

　　說得我總是很尷尬，因為我自己內心多少是有點這種意思，想讓老師看看我在某些方面領悟、接受得快於旁人。他那種冷靜的分析與諷刺讓我心裡又驚又怕、又愧又喜，就好像沒有什麼事能瞞住他似的。

　　和他學習的場景，現在回想起來還是歷歷在目。我們學拳的固定場地在藏經樓旁邊的松樹下。

　　我往往都會比約定的時間早到，畢竟是學生等老師，他沒來的時候我就自己練著等他。安老師一向很準時，約好什麼時辰就是什麼時辰，絕不會無緣無故遲到或者不來。我早到了就一邊練拳，一邊盯著他來時常走的那條小路。現在我閉上眼睛就能想起來那個場景。

　　前幾年他走路總是慢悠悠的，遠遠的一個身影，從遠及近「飄」過來，手裡拿著枴杖，也不拄，四平八穩的步子晃

著走。看到他來了，我突然就有壓力，怕又被他批評；但內心也會特別高興、激動，感覺看到了一尊佛，心就特別安定：今天沒白來，又見到了安老師。

練完後送他回家，攙著他邊走邊聊點別的。其實他不讓我送，但是每回我都堅持送他回去，兩個人的感情就這麼慢慢地建立起來了。為什麼會有這種師徒的傳承？佛教有一種說法我覺得特別好：只有老師或者說上師對徒弟加持，師徒之間才會有一種互相信任的感應。

安老師的性格比較冷，但是我和他之間有感應，算是有緣分吧。譬如我今天感冒不舒服，但攙著他從公園走到五中，十來分鐘的路，渾身就熱得冒汗，感冒就好了，啥病也沒了，很奇怪。我相信這是一種加持，真的是如沐春風，不單是心理上的感受。安老師的身上有一股檀香味，別人說沒有，但我能聞見，清清楚楚地聞見，我知道這是緣分，是一種信任建立起來的感應。

（四）

我和他學了幾年，直到上大學了還沒有拜師，因為他一直說：「你不要拜師，我不收徒弟，收徒弟收得寒心了，從四十來歲收徒弟，現在八十多歲了，也沒有收到個練成個樣子的。當老師當了那麼多年，費神費氣，最後還要傷感情。你不要鬧這些虛套，要是有心，老老實實練好就行。」

我那會兒還小，也不太懂人情世故，他說不讓遞帖，我也就不敢遞了。在迎澤公園跟著他學了幾年，每次遇到會拳的熟人問他：「這小後生是你徒弟啊？」

安老師都會很果斷地回答：「不是，他不是我徒弟。」

別人會繼續問：「那是你學生？」

他回答還是很乾脆：「不是，這是我朋友。」

他不說是學生、徒弟，說我是朋友，我感覺關係一直理不順，挺尷尬的，心理壓力也挺大，不知道該怎麼辦。後來有個武術機構成立，請安老師當顧問，負責人找他時我正好在跟前。那位負責人寒暄了幾句後，就說到請他做顧問的事情，安老師說：「顧問啊，雇下就得問，你不要雇我，我不要當顧問。」

安老師很多年不參與武術界的活動。來訪的人說：「您把您的資料好好整理整理，那麼多好東西，可別失傳了，多可惜啊。不為自己想，還有祖師爺呢！比如小閻跟著您也好幾年了，您就好好教他，教成了也是您的傳承。」

武術界認識安老師的人都知道我跟他學了好幾年，所以才順帶地提到了我。安老師立刻就說：「他不是我徒弟。」

我當時臉通紅，恨不得找個地縫鑽進去，心裡也真生氣了。我不算弟子，也不是學生，那我們到底什麼關係呢？名不正言不順，言不順事不成，以後武術界的人怎麼定位我們的關係呢？知道的會說安老師性格冷淡，要求嚴格；不知道的還以為我做了什麼對不起老師的事情。

那天把他送回家時，我很生氣。再見面學習時，我的情緒有點不一樣，但瞞不了他，他就說：「你不要來練了，我教得又不好，別人都說你練得好，你不用和我學了。」

我實在不知道該怎麼回答，他就這樣反反覆覆地冷落我、敲打我，讓我的心一刻也安定不了。

這還只是言語上的擠兌，還有更難堪的事情。有一年夏天，練完拳送他回去的路上，見到一個熟人打招呼，那人拿

了一把挺精緻的摺扇。可能安老師想讓我畫個扇面，但他不明說，只是暗示我，讓我猜。他說：「我有把扇子空著呢，你說咋辦？」

我說：「扇面空了好啊，寫個字、畫個畫，都挺好，比買印刷品看著好看。」

他點點頭，說：「我眼花了，畫不了這麼細緻的，你不是會寫字畫畫嗎？」

我趕忙就說：「我回去給您寫一個吧。」

第二天，他把扇子給了我。我給他寫完後，別人都覺得挺好的。去公園練拳時，我興沖沖地給他拿過去。正好有很多人在跟他學太極拳，他就打開扇子，當著眾人的面說：「你們看看他寫的這字，拿腳板子寫也比他寫得好。這幾個字，把這好好的扇子毀了。」

人們看我臉紅了，就給我打圓場，和他開玩笑：「學生哪有老師寫得好，這麼好的字，你不要就送我們，你自己寫更好的。」

他也不理，把扇子往懷裡一揣，轉身走了。

還有一次，讓我給他畫畫，他說：「我昨天做了個夢，夢見了鳳凰。」

我說：「夢見鳳凰好啊，吉利。」

他說：「那你給我畫個鳳凰吧。」

我就趕快回去構思、構圖，給他畫了個鳳凰。讓幾個書畫老師把了把關，都說可以後我才送去裝裱。裱好後給他送過去，他說：「畫的是甚東西！你這是鳳凰嗎？沒個氣象，真是落架的鳳凰不如雞！」把畫捲起來走了。

練拳時，要打對拳，他是八九十歲的人了，我哪敢盡全

力和他磕碰。他不管，練兩下就不練了，火了，說：「你怎麼一點勁也沒有，看不起我？反正我練的是個空架子，沒教好你，所以你才不行，以後別跟我練了。」

然後又說了一籮筐的話，這也不行，那也不行，連續好幾週不見我、不理我，鬧得我實在不能招架了，就回去和父親商量，想著讓父親和安老師溝通一下，看看我到底哪裡犯了錯，回來我改。父親提著禮物帶著我去了，安老師開門一看，立刻生氣，說：「把那東西扔了！」

然後把門一關，給我們吃了個閉門羹。父親在門外好說歹說，他才開了門，允許我們放下禮物，坐下聊天。因為安老師和父親本來就認識，所以對父親還算客氣。他說：「害你老遠跑來一趟。」

父親說：「還不都是為了這個不成器的孩子。把兒子交給您了，該說、該罵，怎麼處置都行。」

安老師說：「以後不要提東西，這老話說『吃人家嘴軟，拿人家手短』，拿你家東西就得教你，我可不要這東西。我想教就教，不想教就不教。他想學就學，不想學就另投高師，不要在一棵樹上吊死。」

父親趕快說：「沒這個意思，我們真心實意尊敬您，不敢對您有什麼要求，一切以您的意思為主。」

他才緩和下來：「你們家長能這麼想，我也就算了。明天還老地方見吧。」

事情了了，我心裡鬆了口氣。第二天一見面，他就開始數落我：「你這是不忠不孝。你什麼意思？我做老師的不能批評你？不能冷落你？得天天上趕著巴結你才行？幾天不理，你就搬出你父親，拿他來壓我，是對我不忠；因為你，

讓你父親在我面前受委屈，是你對父親的不孝。以後做事情不要這樣，好漢做事好漢當，你不能自己找我說嗎？」

我一頭霧水，哭笑不得。

當時有不少武術組織請安老師當顧問，他都拒絕了，他們就聯繫我，讓我做安老師的工作，說：「你和安老師說，就要張照片，表格、材料等都不需要，我們幫他弄好。就是借他老人家一個名。」

我實在推不掉，就說：「我去問問吧。」

見了安老師，我把情況說了：「只拿個照片就行。」

好說歹說，他才答應了，笑著去翻了半天，拿出一張三十多歲時的黑白照。我說：「這是年輕時的照片，辦材料一般是近照，換一張老一點的照片吧。」

他說：「我現在也不老啊。」

找完照片，打開一個櫃子，給我拿出來一摞東西，有四

安慰先生（右）與弟子閻子龍（左）

十來張，說：「你看看這拜師帖咋寫。」

我接過來，看了他一眼。他又說：「你看看就行了，沒有別的意思。」

翻了一會兒，我要走，臨出門，他又叫住我問：「你知道這拜師帖咋寫了嗎？」

我一邊答應，一邊在心裡分析他的意思，下樓的過程中，就決定趕快寫拜師帖。那時候我還在上大一，當晚要返校，回家就得下一個週末，於是我立刻給父親打電話，轉述了當時的場景和對話，父親說：「那就宜早不宜遲，立即辦。你這兩天請假回來吧，別等下週末。」

週一上午，我買了一個類似請柬的帖，把上面的印花、格式，裡外整理修改了一番，最後拿毛筆把帖子寫了。我也不清楚拜師的流程，只能週二請了假，提了點禮物，拿著帖子，一早趕到安老師家裡，進門把東西放下。

安老師說：「別別別，把東西帶回去，那個不需要。帖子寫好了嗎？拿過來我看看。」

我說：「老師，咋遞帖？」

他給我講了遞帖的流程、禮節、規矩，之後說：「那是原來的，太複雜，你不需要。磕三個頭也行，鞠三個躬也行，我收了你的帖子，關係也就算成立了。」

我磕了三個頭，鞠了三個躬，把帖一遞，正式拜師了！雖然過程很簡單，但印象很深，心裡特別高興。

接下來的事情，就是要請武術界的前輩、見證人、朋友吃飯。

我問安老師的意見，他說：「我和武術界的人多年不來往，加上我吃齋多年，下飯店的話很多東西都不能吃，不要

鬧這些虛禮了。」

從那以後，安老師的態度有了一百八十度大轉變，他說：「考驗了這麼久，你都過來了，比我強，我的那些師父沒考驗我這麼久。我的師父們要這麼考驗我，我早走了。你比我強啊。」

這話聽得我心裡五味雜陳。

也是從那以後，安老師的身體大不如前。緊跟著，師娘去世。但他誰也不告訴，連著幾個星期不聯繫，也不來公園。我很緊張，不知哪裡又惹他生氣了。又過了一個多月，星期六的上午，我還在固定的地方練拳，遠遠地看見他來了，我心裡一下子踏實了，趕快迎上去攙扶他。安老師精神不太好，似乎老了不少。

我擔心地問：「您最近怎麼了？不會又生我的氣了吧？去家裡敲不開門，電話也打不通。」

他嘆口氣說：「和你沒關係，家裡有事，我老伴兒死了。」

師娘病的時候我去看過好幾次，總以為老毛病，養養就好，沒想到這麼快就去世了。雖然他說得很淡定，但我能明顯感覺出他情緒不對，神情也十分落寞。

安老師告訴我：「等我死了後，把我燒了，骨灰一半撒在迎澤公園，一半從五台山黛螺頂撒下去。」

我說：「您好好活著，您的身體比師娘好多了。況且您的後事不由我，您有兒女呢，怎麼能由我撒呢？」

他說：「把骨灰揚了就行。」

雖然是開玩笑，但我心裡很清楚，他已將生死看透了，非常淡然。

安老師漸漸地出來少了，我沒事就經常去看他。他去世前的那幾年對我越發好了，經常給我打電話。這原來是不可能的事情。以前別說給我打電話，我給他打電話，他都是直接給掛掉。現在沒事的時候就打給我，說：「在幹啥呢？沒事過來坐坐。」

我放下電話就趕緊跑過去，心裡酸酸的，他一個人很孤單。就這樣，他請我喝茶，指著桌子上的黃山毛峰說：「多好啊，這是我徒弟給我買的，從外頭帶回來的好茶，你嚐嚐。」

其實這茶是我給他買的，不知何時他已開始健忘。在他的小房問裡、寫字檯邊，我給他的所有東西都在明面兒上擺著：我畫的畫在那兒捲著，送他的書在那兒放著，寫的扇面在枕下壓著，念珠在手上拿著，還有牆上我和他的合照……聊天時，他一會兒清醒，一會兒糊塗。但無論誰去看他，他都會把我的拜師帖拿出來讓人看。

那年，我準備結婚，帶著我太太去了安老師家。他先是照例拿我的拜師帖炫耀了一番，隨後轉身走到另一個房間，包了五百元的紅包，說：「這是紅包。」又拿了兩百元，說，「這是禮錢。」一併遞給我，說，「你的喜事，我是去不了了，你把紅包拿上。」

我說：「不拿。」

他說：「你拿上，我沒法兒去恭喜你了。」

（五）

他說他一生中的想法和理想，從我身上能看到點影子，但是我知道，自己差他太遠，從修養、道德，方方面面，相

差太多。我最佩服安老師的就是他對名和利的態度，他說不沾，確確實實是不沾，不像有些人嘴上說說，心裡全是，遇到誘惑的時候半點兒也把持不住。「文革」以後，他們那批人都是山西藝術界的名人，但他想盡辦法把自己的一切痕跡都抹掉，再不提這些。武術活動參與了幾年，之後感覺武術界也是個名利場，便再也不參加了。

他一生對錢沒有概念，但絕不虧了別人。有一次，他讓我去五台山請《華嚴經》，我請回來給他送去時，幾十塊錢的經書，他硬塞給我一百元。但凡讓我給他買個東西，只要買點兒，就給一百元，不要也不行，一定要塞給我。

他堅持著從小在大宅子裡形成的習慣和規矩：從來不在馬路邊吃東西；從來不穿半袖，再熱的天也是穿襯衣；公園裡的長凳子從來不坐，覺得不文明；走路靠右邊，講規矩；就座時從不蹺二郎腿，不靠椅背；後來因為年紀大坐不住，有時候也會躺著，右側吉祥臥，還是端端正正。

原來他不許我給他拍照，也不許我拿著攝影機對著他錄影。後來和他聊他的過去、他的老師們，聊民國的太原城、民國的山西武術界、民國的武林，我打開手機錄音或者拍照時，他也不再喝止，而是裝作沒看見。

有時候看他高興，我也針對一些疑惑或者武術界前輩的傳聞進行提問印證，他一般都詳詳細細地把他知道的說給我聽，但講完後也總會說：「這些話、這些事，將來時機不對、人不對的時候不要講。」

我說：「別的不說，如果我不記準確，不記完整，將來怎麼和我徒弟說起您呢？有機會我們還要把您的武學精髓和傳記整理出來咧。」

　　他聽到這話就搖著頭擺擺手：「我的事情不足道。不過，如果這個事將來有必要做，還只能託付給你們了，沒別人了，也沒和別人說過這麼多。還是那句話，我的事不足道，替我的師父們、前輩們、相知的師兄弟們留幾篇文字，在這個世上留個影子、留個名聲就行了。都是於我有恩有情的人，我不肖，但不能埋沒他們，不能辜負祖師爺啊。」

　　在他人生最後的這段時間裡，我隨著他充滿溫度的述說，一點一點地看到了他的一生。我彷彿也經歷了一遍那個充滿變動與傳奇的年代，彷彿見到了那些前輩。安老師留下來的這些音像資料和記憶滋養著我，成了我人生中的珍寶，也是武術界的珍寶。

　　在他去世的前幾天，我去看他，他側臥在床上，枕著右手掌，微閉著眼睛和我說：「就你還講些江湖道義，有些義氣。和多少人打過交道，交過多少人，幾個還講這江湖道義，幾個還念這師徒情分？」

　　他睜開眼看看我，繼續說：「就你還來看我，我已行將就木，是對你沒有用的人了，該教的都教給了你，你還來。」

　　聽得我鼻子直發酸。

（六）

　　安老師一生痴迷於讀書，尤偏重於武學方面，他收集了各個門派和各個拳種的拳譜、拳論、劍譜及其他的器械譜，等等。有他年輕時候從老先生那裡繼承來的手稿，有他抄來的抄本，也有當時的傳本、刻本、排印本，很多都是珍本，甚至是罕見的孤本，還有他與他的老師、前輩、師兄弟們往

來的書信，無不是珍貴的文獻資料。

更重要的是他學習各家拳術、劍術的筆記和總結，厚厚的數十個筆記本、稿紙裝訂本，都是他的心血。捧著它們，我不知道是該感動還是該慚愧。

安老師去世後，他的藏書被他的子女分別帶走或者處理了，給我留了一部分有紀念意義的書、筆記和書信資料，雖然不是安老師手澤的全部，但是幸喜他一生武學的精要與核心體悟都在。

有了這些資料，結合著當時留下來的音像資料，我們才能完成安老師的囑託，把他老人家的故事講給世人聽，把他所尊重的、敬仰的人介紹給世人認識。

在整理本書的同時，我們也在積極尋找安老師的子女，一來想蒐集更多的資料，印證一些事情，二來想獲得他們的支持。但他們已經離開舊居，遷居他處，我一直沒有聯繫上，非常遺憾。如今本書草稿初成，還有不少事情、不少人因為沒能得到核實，資料也少，只能忍痛刪掉，將來有機會再進一步補充吧。

MEMO

MEMO

MEMO

猶憶武林人未遠
民國武林憶舊及安慰武學遺錄

著　　者｜安　慰
整　　理｜閻子龍、田永濤
責任編輯｜苑博洋

發 行 人｜蔡森明
出 版 者｜大展出版社有限公司
社　　址｜臺北市北投區（石牌）致遠一路 2 段 12 巷 1 號
電　　話｜（02）28236031，28236033，28233123
傳　　真｜（02）28272069
郵政劃撥｜01669551
網　　址｜www.dah-jaan.com.tw
E - m a i l｜service@dah-jaan.com.tw
登 記 證｜局版臺業字第 2171 號

承 印 者｜傳興印刷有限公司
裝　　訂｜佳昇興業有限公司
排 版 者｜菩薩蠻數位文化有限公司
授 權 者｜北京科學技術出版社

初版 1 刷｜2024 年 4 月

定　　價｜400 元

國家圖書館出版品預行編目（CIP）資料

猶憶武林人未遠：民國武林憶舊及安慰武學遺錄／安慰著.
——初版，——臺北市，大展出版社有限公司，2024.04
　　面；21公分——（武學釋典──63）
　ISBN　978-986-346-456-3（平裝）
　1.CST: 武術 2.CST: 中國
　528.97　　　　　　　　　　　　　　　113002791